薛瑞萍班级日志

心平气和的一年级（下）

薛瑞萍 著

江西教育出版社
JIANGXI EDUCATION PUBLISHING HOUSE
·南昌·

图书在版编目（CIP）数据

心平气和的一年级．下／薛瑞萍著．-- 南昌：江西教育出版社，2020.11（2022.9 重印）
（薛瑞萍班级日志）
ISBN 978-7-5705-2003-9

Ⅰ．①心… Ⅱ．①薛… Ⅲ．①小学语文课—教学研究 Ⅳ．① G623.202

中国版本图书馆 CIP 数据核字 (2020) 第 159641 号

心平气和的一年级（下）
XINPING-QIHE DE YI NIANJI (XIA)
薛瑞萍　著

江西教育出版社出版
（南昌市抚河北路 291 号　　邮编：330008）
各地新华书店经销
合肥华云印务有限公司印刷
开本 880 毫米 ×1230 毫米　1/32　印张 8　字数 140 千字
2020 年 11 月第 1 版　2022 年 9 月第 5 次印刷
ISBN 978-7-5705-2003-9
定价：36.00 元

赣教版图书如有印装质量问题，请向我社调换　电话：0791-86710427
投稿邮箱：JXJYCBS@163.com　　电话：0791-86705643
网址：http://www.jxeph.com

赣版权登字 -02-2020-379

序言

Preface

只是陪伴

一

1979年10月，赵化玉老师引导同学们写日记。那年我14岁，正读初二。14岁，初二，才开始学写日记！那是怎样一个散漫而魔幻的年代！

倏忽41年过去。敝帚自珍的20多本自说自话也好，教育论坛上的教学叙事也好，喜马拉雅App上的“看云读书”系列讲述也好……都是日记，是寻常岁月在文字和声音里留下的印记。源头，都在教我语文的赵老师那里！

对我来说，日记是生活记录，也是生活本身。记录带来反思。反思与不反思的日子，怎么可能一样？

二

从教37年，服务7届孩子。

1984年8月入职，我接手的是三年级。2020年10月退休，我告别的是五年级。中间五轮大循环，“心平气和”的这一届是第四轮。其时正值“新课标”勃兴，其时恰逢“信息时代”到来。那些年头的老师，真是既淳朴又浪漫，既飞扬又踏实——

读帖、跟帖、争论、交流……“论坛时代”少有图片，更鲜见视频，大家展示或比拼的就是文字，是文字叙述的实践与思想。诚实的书写总能获得热忱鼓励，让发帖人欲罢不能。

就这样一路行一路写，从“兴致勃勃”到“栀子花开”，实实在在！始于2004年8月30日、结在2010年6月13日的六部“流水账”，是孩子的成长记录、教师的心路历程，也是一个时代的产物和证明。

此情可待成追忆，只是当时已惘然。

倏忽10多年过去，学校及整个教育环境发生了巨大变化。然而同行以及家长，依然记得这套班级日志。大家的记得，也许是对一个时代、一种情怀、一种教育生态的想念吧。

三

再版之际，需要强调的是三点反省。

反省之一：关于写话和日记。

一个突出的过失，就是鼓励进而要求一年级孩子写话。名为“自愿”，然而一年级的家长和孩子哪里禁得起老师，尤其是看云老师的鼓励和刺激！后来我才知道，为了写出得到表扬的那几句，孩子一家往往需要忙到很晚。原本这些时间应该是孩子用来运动、玩耍、阅读和睡觉的。如果老师真的“心平气和”，就该懂得等待，等“时候到了”再让孩子写。那么孩子会少累很多，而且事半功倍。

之后的两届，看云给学生和自己减负，二年级开始写日记，一周一篇，及时点评。事实证明效果更好。《写作课》就是这种反思与实践的记录。

反省之二：关于阅读。

一年级每天背诵两首儿歌，二年级鼓励孩子读整本字书——这就让阅读罩上了求多、求快、求深、求早的“火烧云”。无视“此一阶段”孩子的感觉和需要，减损了儿童阅读应有的从容与舒适。

具体到“儿童经典诵读”，当年的我还是过于强调背诵了。这是对“显性成果”的偏执，应当检讨。当我批评“诗词大会”沦落为“背诵大会”“记忆大赛”的时候，我常常想起自己班上的“赛诗会”。一位女生曾因此紧张到肚子痛。

反省之三：关于考试。

连续贴出的“单元测验情况”说明什么？说明我还是把分数看得太重。这不是基础教育工作者应有的心态。之后两届，看云不再为了分数跟自己及孩子过不去，也不再盯住弱孩子帮扶到底。

终于明白：不管你教得如何努力，也有孩子就是考不及格，且这些孩子有权过“不及格的幸福生活”。也就是说，看云无权要求孩子、家长和自己一起“为了及格而奋斗”。奋斗的结果是：那个家庭终于不能承受“师恩的压力”，让孩子转学走了。

几年之后，当孩子母亲告知原委时，我才明白：教师要自觉限制自己的行为，包括以爱为名的过度期待、过度帮助、过度打扰。否则，教师就是在制造教学污染，令人避之不及。

四

连续性是第一重要的教育原则，也是看云著述的特点。日记嘛！

同是教育叙事，对比《给我一个班，我就心满意足了》和《心平气和的一年级》，同是毕业致辞，对比《投我的影子在你们的卷上》和《世界上最重要的事情》，从浪漫到质朴的一路，流转的是岁月，也是心境。

经典诵读是一种生活方式，也是一种教育理念。在我这里，作为班级实践的儿童经典诵读开始于“心满意足”那一届，具体地说，是开始于1998年9月。

那一届的一年级，我们人手一本《365夜儿歌》；那一届的二年级，我们人手一本注音版《365夜日记》。到了六年级，我们诵《爱莲说》《新月集》，读《铁道游击队》《红日》《我们仨》《汤姆叔叔的小屋》《苏菲的世界》《小王子》……。将班会和家长会开成读书会；就阅读给家长写信，也是从那一届开始的。

“心满意足”的那一届，我还在“成绩报告册”里私自添加了“阅读”一科。一至六年级，每个孩子的“阅读课”成绩都是具体而实在的，打分依据是各人的诵读状态及读书分享表现。目的就是用分数促使孩子及家长重视阅读，爱上阅读。

“无限信仰书籍的力量！”

苏霍姆林斯基的信念也是我的信念。

五

“班级阅读课程化”是书香班级的硬核所在，课程化的内容和节奏，只能在连续真实的摸索与实践中得以产生和确定。

当《教六年级的日子》在栀子花香中结束，“我们班的阅读课程”也如一条道路在眼前延展。那就是：

1. 向家长募集资金，建立班级书库，保证孩子每天能够借阅一本图书。

2. 一周一个故事，固定时间讲述，讲述内容主要来自班级图书。

3. 以《日有所诵》为材料，日有所诵。

4. 以吟诵的方式学习古诗，一周一首，形成韵律。

“除了吟诵，前三项我几乎都在做。薛老师，原来我也在做阅读！

“刚上课的时候，教室不是有点乱吗？我就让学生读书给我听。低年级读儿歌，中高年级读诗。就一两分钟，很提神，很聚气。我喜欢用小故事创设情境，然后他们自由作画。我还鼓励学生从图画书里找灵感。他们画的时候，我就看书。每个班都有书柜，都有看不完的好书！”8 月 21 日上午，隔壁值班的美术老师说。

是啊，是啊。如呼吸，如饮食；如水渗地，如风入林。我的同事们，不分学科、自然而然——都在做阅读。

六

说说占用思品课的事。

16 年前，2004 年 9 月，校长巡课时就注意到看云课堂的不一样。她既好奇应该紧张的语文课何以可以听音乐，也诧异于思品课何以能够听歌、读书、写作业。前者太过奢侈，后者明显违规。

说服校长的，不是“课改”“整合”以及“完整的教育”“完整的人”这类说辞，而是日子一天天过去，一（2）班呈现的秩序井然的状态。

文明沉静，知书达理。

书香班级是非少，书香家庭幸福多。

这是我的信念，也是我对孩子及其父母的期待。

37 年，我和搭档没有碰到特别难沟通的家长；37 年，校长们——算起来共有 7 任，没有遭遇过来自我班家长的困扰。这是我的福气，也是历任校长对我特别包容的原因。

占用思品课不是一件理直气壮的事情，需要先完成思品课教学任务，需要有“做完整教育”的事实，更需要相对宽松的环境、相对包容的领导。年轻的同行啊，不要被我误导了。

语文课时向来紧张。不要贪多，不要急躁。首先要踏踏实实完成教学任务，其余能做多少做多少。

阅读固然重要，更重要的是我们师生的健康和舒心。

七

关于诵读、吟诵、讲述，都有完整连续的课堂记录出版。这里特别想说的是“班级图书”，这一块儿太重要了！

班级图书对于班上的孩子而言，是草原之于羊儿，河流之于鱼儿。我确信：优质且适宜的班级图书，是集体生活清洁而丰沛的水源。我欣见：课堂不爱发言的孩子们，课间围绕一本好书，说得热火朝天！

而我自己，归根到底，就是在自由阅读、自主探索中走过来的呀。

“心平气和”之后的两届，家长中颇有热爱儿童阅读、熟悉儿童文学的。于是图书选购日益成为“家委会阿姨”的事情，于是承载了爸爸妈妈童年回忆的《大闹天宫》《黑猫警长》《雪孩子》得以进入班级，成为亲子共读的温馨材料；于是老师把《鸡毛信》《雁翎队》《三国演义》带进教室，使得连环画成为孩子们私下交流的“硬通货”。

于是呢，在临近退休的日子里，在2020年这个特殊的夏天，承蒙合肥市62中年轻同行的信任——修订版的班级日志就有了分年级、分学期的班级书单。

要计成本，要兼顾中外，我们的书单一直在更新。定格在这里的，是一个参考与回顾。非常局限，非常个人。然而对于一个孩子来说，数量与深度持续累进的这么多书，就相当于一道瀑流、一条路，可以取一瓢饮，也可以凭借阅读所得线索，走向书店、书城、公共阅览室——走向自我教育的彼岸。

不少中国原创的“老书”已经绝版，这是一件非常令人痛忠诚服务儿童，努力实践真教育的同道啊，愿你足下的道路，长远而坚实。

感恩你的开卷！

祝福你和你的孩子！

薛瑞萍

2020年8月23日

满园春色关不住

——读《心平气和的一年级》

出版社要我给《心平气和的一年级》写个序，读完全书之后，我心里不禁惶惶然：除了年龄痴长而外，无论哪个方面，比起作者我都差得太远，我有写序的资格吗？

但我确实有要说话的冲动。因为，我惶惶然的同时还有强烈的欣欣然，感觉到多少人一直以来的一种期盼已经或者很快就会实现：诞生当代中国自己的教育家。

我对当前许多被称为“家”者一向是不以为然的，他们经常只会用些空洞的理论、晦涩的概念、时髦的词语来炫耀自己，蒙哄群众，而这些东西又其实是从别人（主要是西方）那里鹦鹉学舌得来的。对于这样的人，艾森豪威尔这句话实在是入木三分：“我听到过一个关于知识分子的非常有趣的定义——一个人用比必要的词语更多的词语，来说出比他知道的东西更多的东西。”没有丰满的实践经验怎么可能成为“家”？教育家只能从薛瑞萍（或薛瑞萍们——包括她的那些同行者）这样的人中产生，因为他们有丰富的学识，有宝贵的实践，有深邃的思考，有不辍的探索，有坚定的信仰，有特立独行的品格，有不同凡响的创思。

由于在经济体制转型期中，各个领域、各个方面发展不平衡的情况比比皆是，各个年龄段的各种人群都承受着不同程度的心理压力。这种压力造成了人际关系的不和谐，而许多教师又远未真正树立“以人的发展为本”的教育观念，远没有真正地把学生当作“人”来平等地理解、尊重与沟通，因此造成师生之间的隔阂、摩擦与对立。特别是教师体罚、虐待甚至残害学生的案例在报刊上屡见不鲜，有一些已到了令人发指的地步。这些情况的普遍、多发与严重程度，在中外教育史上都是罕见的。

我国人口较多，而就业机会相对较少，用人制度又远未达到科学与完善，这使得不少人升学的目的主要是寻找一条出路，这样，受教育者的动机便背离了教育的宗旨。而教育者由于急功近利与旧观念的束缚，以及教育评价的偏颇，也远未实现教育的根本功能。在全社会的压力下，升学成了头等大事，千军万马走独木桥的情势有增无减。这一切压到师生的头上，他们便成了出题与做题的机器。

一个国家的出版利润绝大部分来自基础教育的教辅、练习题，这在全世界大概是独一无二的。这既是出版界的悲哀，也是教育界的悲哀。学生从清晨做题到半夜，教师从清晨忙到半夜，这已是目前中小学里习以为常的情况了。

为什么我要说上面这些？因为这已经是摆在我们面前的严峻的现实。但是，我想要告诉大家的是，从薛瑞萍那里看到的，却是与这严峻的现实截然不同的样子。在薛瑞萍所追求的“心平气和的一年级”中，我们看到的是难能可贵的和谐的境界：教师与学生的和谐，教师与家长的和谐，学生与学生的和谐，教书与育人的和谐。在我们为基础教育而忧心如焚的时候，读薛瑞萍的书，真有如沐春风的感觉。

薛瑞萍面临着同样的现实，可是她为什么能达到这种和谐的境界呢？读完薛瑞萍的书，梳理一下她每天都在做些什么，大概是可以寻到答案的。

首先，她在不间断地读书。作为一个小学教师，薛瑞萍那么热爱读书，读了那么多的书，以至于哪天没读书就觉得缺少了什么，我以为这是她成功的要素之一。现在，相当多的教师（包括语文教师）不读书，或者不爱读，或者没时间读，或者不会读。而有关部门的所谓教师培训（学历培训、继续教育培训等），其计划与做法实际上根本不符合教师眼前工作与长期发展的需要，只是在浪费教师的时间与精力而已。其实，读书才是教师获得提高必走的途径。有的教师以为把教的那本教科书弄明白就行了，但是正如陆游所说，学诗“功夫在诗外”一样，教学其实也是要靠大量摄取相关知识、不断补充文化修养才能胜任的。薛瑞萍说，“读书是一种内在需要，也是为了保持一种上升的有活力的状态”。明白了这一点，才会成为好教师。

其次，她在不间断地沟通。薛瑞萍说：“教育没有可以普遍适用的所谓规律，富有魅力和人性的教育，永远是这个教师——这个班级——这个孩子——这群家长的一对一。”她道出了教育的真谛，切中了当前教育弊端的要害。人们总把教师对学生的爱比喻为母爱（当然，即使是这一点现在也远未做到）。其实，教师的爱要博大得多。它包含着慈祥的母爱、严厉的父爱与知心的友爱，而其中最重要的还是友爱：知心朋友之间的理解、尊重、信任与交心。薛瑞萍不仅注意到了与学生之间这种平等的沟通，而且与家长沟通。为了一年级孩子的课外阅读，她给家长写了那么多信，引领着家长向正确的教育理念前行；她在网上与网友们沟通，以至于“看云”有了那么多的崇拜者、追随者与同行者。现在有个时髦的词儿叫“大教育”，从薛瑞萍身上，我们才真正看到了教育之“大”。

再次，她在不间断地反省与思考。人难免有犯错误的时候，工作难免有不顺利的时候，关键在于能否从中反省自己，思考原因与对策。有些老师在课上得不好的时候，常爱说一句话：“这些学生不行，‘启而不发’。”他们从根本上误解了孔夫子的深邃思想。孔子说“不愤不启，不悱不发”，“启”

与“发”都是对教师而言的，不是要教师“启”，学生“发”。天底下没有不接受启发的学生，只有不会启发的老师。薛瑞萍是明白这一点的，所以从全书中可以看到，她时时在反省自己，时时在思考自己面对的新问题。从自己身上找原因，又不懈地探索、研究，这样还能不进步吗？这样的人，想不做个好教师都难。

最后，我想说说对语文教学的一点想法。薛瑞萍是把握了语文教学的灵魂的，她不止一次地说：“我想语文和数学的不同，在于语文是可以混着拖的，是可以在不求甚解中慢慢明白的”，“语文不比数学，有课外阅读做暖窝，生柿子是可以慢慢捂熟的”。她在语文教学上的思考与实践实在是太漂亮了，按着她的路子走下去，语文教学效率不高的痼疾一定可以药到病除。

这里我只想提出一点疑问。从书中看，薛瑞萍用了一个半月的时间教拼音，而学生学习效果并不令她满意，所以她才不断告诫自己“不要着急”。薛瑞萍这样的优秀教师用这么长时间教拼音都感到有难度，不能不让我们更加怀疑：小学一年级学拼音对吗？不必说中华民族的孩子入学之后最开始学的不是自己的文字而是 a、b、c，不必说过早学拼音、过多依赖拼音对学生感悟母语、接受民族文化熏陶所带来的缺欠与伤害，就从学生的年龄、知识结构来说，过几年再学拼音不是可以省时省力得多吗？这个问题这里不能细说，而且课本就是那么编的，但我还是建议薛瑞萍和其他老师根据实践进行再思考。

真心地祝福薛瑞萍：坚持下去，一定能成正果。

张翼健

2005 年 7 月

目录 Contents

2月 面朝澄江，背靠青山

3月 如果没有了研究与发现的快乐

4月 / 音乐无法表达的时候，风便飏起来

5月 不紧不慢，安辔而行的重复

6月 抬脚是走路，正如落脚也是走路

附　录

2月 February

面朝澄江，背靠青山

2005年2月20日 / 星期日 晴

17周

又见蓝天。

阔别二十多日的湛蓝湛蓝的天空啊！我相信——我愿意相信，对我的班级，对我的儿子，这都是一个好兆头。

因为今天，是我们母子开学的日子。

上学期21周，扣除国庆大假——本学期只有17周。整整少了一个月。一年级下学期，这将是我们师生一起度过的第一度春夏——紧张的、战斗的17周。

“幸好我们生拉硬拽，软硬兼施，把孩子拖上了读写的路子。否则，这学期，还要紧张和没有底气。”

蓝天下，阳光里，我和小安，一圈一圈地转着。肚子硕大的她，心已飞到了下学期要带的那班小东西身上了——定是受了我的影响。过去的一个学期里，关于心平气和的一年级，她的耳朵里装满了我的唠叨。

下午，小家伙们来了。一问，日记（也就是每天一段话）天天坚持的有 36 人，这超出了我的预料。原以为天天坚持、半途而废和根本不写的各占三分之一呢。

“背儿歌、读日记，读书课做。我们星期几上读书课？”

“星期一！”

“星期五！”

“不，是星期四！”

笑晕！惊倒！天，连这都忘了！谁知道，我以为他们该记得的——他们忘到九霄云外的还有什么呢？

“老师老师，我都玩晕了。日记只写了两三篇，书也没怎么读。”高岩松落落大方地说，一副心平气和的样子。

“那你先不要回家了。”我也和颜悦色地告诉他。发书之后，留下没有完成任务的孩子“谈一谈”，以作惩戒。

可怕的寒假，可怕的春节——任务艰巨的 17 周。

2 月 22 日 / 星期二 晴

不能不算

早自习复习第一课，为节约时间，我先将生字写在黑板上，然后在灿烂的阳光下绕场漫步。“喳喳”——抬头，一只大喜鹊立在楼顶的东南角，在那儿兀自放歌呢。同时灌入耳朵的，是孩子们的欢声笑语。呵，毕竟是春天，春天的阳光多么美好！

李老师听课，上午第二节我上。如此，今儿就有了三节语文课。

篮球　足球　排球

竞走　跳高　跳远

铁饼　铅球　标枪

游泳　射击　登山

二类字 8 个，一类字 10 个——以后每课的情形大致如此，任务可谓繁重。如果不是很多字已在课外阅读中混了个脸熟，单靠课堂，想要掌握音、形、义，根本不可能。

何止是字的音、形、义，一切语文能力的获得，都绝对不是单靠课堂教学、单靠教师讲解和作业训练可以完成的。阅读——只有阅读，除此之外，别无他法。

字8遍，拼音2遍，还有《基础训练》上的习题，都在校内完成，逐一检查才放行——才放心。

回家没有作业，有数的家长尽可能帮助孩子巩固教材内容，督促孩子进行课外读写。

至于那些不做的，就靠天收吧——十指一样齐，那是怪物；步调全一致，那是军队。

数笔画、记偏旁，一遍又一遍。一两个回合之后，折纸、画画儿、挖鼻挤眼、看课外书……干什么的都有。只要不影响左右，没心劲的时候，我装看不见——就算现在不知道，以后也可以混会的。任何一门学科的新知，想要一步到位，都是不可能的——有时也放音乐，让大家的昏沉醒一醒。

“明天星期几？”

“明天星期三！”

“明天干什么？”

“明天背儿歌！——还要读日记！”

再紧，再忙，读书也要咬牙坚持。因为语文教学的目的就是激发对阅读的热爱；因为提高语文成绩的最终途径，就是广泛阅读。

没事的时候，老看课程表。小安问："你不是打算一天上一课吧？"

我说："本周一定要上完四课。我算给你听啊，到下周，单元练习一天，复习一天，还要读书——这样紧赶慢赶，到第一单元测验，也是星期四、星期五了。八个单元，17 周——这还是集中识字；课文一来，又多出个朗读指导，读不好，一课根本不能结束。"

"天哪，还是高年级轻松。"

"昨晚，站在窗边，边等儿子边盘算：17 周，这个春夏，我们师生一起学习的日子也就 80 来天。瞧瞧，这么厚的书，这么多的字——简直是一座山。"

"还是算算你儿子离高考多少天吧。"

"那是他的事情——对于儿子，我唯一关心的，是他的健康，他的肠胃。"

2月23日 / 星期三 阴

有恃无恐

骡

马是爹，驴是妈，
生个宝宝力气大。
货也驮，车也拉，
就是不会生娃娃。

蟋　蟀

天不怕，地不怕，
就怕回家爸爸骂。
爸爸骂，为了啥？
不爱学习爱打架。

60首儿歌，通读一遍；日记，看情形打分，愿意的，上来读给大家听。

金佳岷写的是：想知道雪花到底什么样，就用手接了仔细瞧。结果呢，只看见细碎的水点。选读这一篇，说明他知道什么是有意思的文字。对自己，对大家，这都是有趣又有益的事情。

北美的惯例：学生到校第一件事，就是“自由地、安静无打扰地”阅读一个小时。剩下的半节里，我让孩子们“自由地、轻声无打扰地”读书。周子善、王涛的拼音读物，从印刷到文字，质量都很好——会给孩子买书，这是家长的一项重要能力。

“老师老师，我过年买了一百多块钱的书！”周子善兴冲冲地告诉我。“真好，你要一本一本读，好好读啊！”

如果是其他人，我可能会说：“重要的不是买来多少，重要的是你读了多少。”可是面对“这一个”，显然不能如是说。因为对他父母而言——会买书，是可喜的进步。

蜡 舟 竹 川 燕 笔 画 黑 问 什

10个生字，带拼音读过两个来回后，他们又不耐烦了。

“下面我乱点，谁能读出来？”我问。

几个一向很棒的孩子，犹犹豫豫地举手。

“丁雨辰！”他有些吃惊地站起来，大家也有些惊讶。于是我“乱点”，于是他准确地读出字音。

“李玉雯！”“朱紫晖！”“聂大伟！”“周子善！”“王涛！”——最后两个稍微差了点，“川”字让他们卡了一回壳。

我笑了，虽在我的预料之中，还是感到十分高兴，还是感到备受鼓舞。重点指导“舟”“燕”“黑”，分三次将生字写完。

下午第一节。

温习课文和字形、指导完成《基础训练》的习题。起始年级，作业在校“竣工”的好处至少有四：一、保证质量，发现问题及时纠正；二、避免养成磨洋工的习惯；三、次日，教师不必做气急败坏的“黄世仁”；四、学生不因旧账未了而影响新知学习。

明天上第四课。

有恃无恐啊。之所以如此，是因为我们面朝澄江不怕旱，背靠青山不愁柴。

“专心带你的小朋友，我的事情不用你操心。但有个条件，妈妈你必须满足我。那就是：不许一到十一点就连声催我睡觉，很烦人。我早就忍无可忍了。”

“妈妈不是怕你一伤身体、二误听课，成为事倍功半的熬夜族吗？”

“从小到大，我是那种不求效率、打消耗仗的人吗？再说了，任务没有完成，上床也是辗转反侧，更影响睡眠。”

“那我们确定一条不许突破的底线——十一点半坚决停工。你答应我，我就答应你。”

“好吧。”

以上谈判，发生在上学期开学之初。

初三的“底线”，也是十一点半。那时候，我总是等他上床了再睡；那时候，他每天早上七点起来——比现在多睡整整一个钟头。

现在，十点半前我就躺下。睡觉之前，总是叮嘱一声：“早点睡觉。”儿子呢，则应一声：“早点喊我。别害人家迟到。”

每个清晨的6:10，睁开眼睛，儿子听见的第一句话总是：“什么时候睡的？”

回答总是：“十一点半不到。”

我呢——不信白不信。

深夜一觉醒来，也不知是什么时候。去卫生间，竟然看见门缝里透出光来！昏暗中凑近挂钟——00:05！

心里一阵发紧，推开门，看见儿子伏案的后背。

“儿子，十一点半啊！现在什么时候了呀！”

“就好了。”他头也不回。

太冷了，回被窝。

又过了一会儿，再起来——他在那里收拾书包。

看看挂钟——00:20。

这就到今天了。

我的儿子！

2 月 24 日 / 星期四 阴雨

有朋如此

下午三点才从印刷厂出来，过几天，《新编儿童诗100 首》就能到孩子们手里了。

没有看云，这样的事情，我是想不到的。

校稿时接到看云的电话，这个周六，又是我最幸福的时刻了。

回家后倒头就睡，一直到五点。放假真好啊。

以上是芷眉写在昨天的日记——昨天是元宵节，淄博市金茵小学放假。可芷眉却在印刷厂里忙乎。午餐时分的电话里，印刷机“嗞啦嗞啦”地响。

上学期将结束的时候，我就发愁：《365 夜儿歌》背完之后，孩子们背什么呢？好的儿童“读本”很多，可是适合我们孩子的“背本”却买不到。孩子们已经养成日有所诵的习惯，对他们一生而言，这是正在生长中的幸福之树——万不能断了阳光、土壤和水分。

“不行你就编一本！”小安说。这是一个好主意，但是，我的眼睛近视到几乎瞎了。寒假去了医院，做激光手术的念头也迫不得已打消——对我而言，每天少一分钟对着电脑屏幕也是好的。

“真是一个好创意！对，我们就自己编。从哪里入手？”芷眉兴致勃勃。

“先做小诗吧。100 首一册，我打算让他们肚子里装进 300 首优美短歌。跟儿歌一样，这是孩子有权享用的精神佳酿。六年呢，古董我倒不着急。”

“具体该怎么办——你说吧，我来做！”

于是这一个寒假里，芷眉在杂志里找，在书籍里寻，在网络上查，从报纸上搜——终于有了《新编儿童诗 100 首》。她说要亲手送给我，我很高兴，可我万万没有想到，她要送我的，竟是印刷厂里出来的 55 本。

“我们这里收工本费，你们就免啦——算我送给你的孩子们的。”

“不行，工本费一定要收。除非你不想和我一起做下一本了。我们还要让孩子背下几百首古诗呢，对不对？就这样我已是感激不尽啦。原来我还打算用学校的破机器打印了一本一本地装订呢。现在，由于你的操心劳累，我和家长们省了多少事！还有，55 本绝对不够，我们一

（1）班也要人手一册。你给我印 110 本，我从济南一趟背回来。”

事情就这么说定了——从头到尾，我真的只是说说而已啊。

印刷厂没有自动注音软件。生字的问题，芷眉让家长解决，可我这里就比较困难了——职工的教育素养参差不齐，农民家长想做又未必有能力。芷眉说：“这样吧，不认识的字，让我们四年级的孩子动手，给你们注上拼音。这样，你的孩子们拿到书就能自己念了。”

芷眉芷眉，我的学生何其有福；芷眉芷眉，你的看云何德何能。

“放假真好啊。”辛苦的芷眉如是写。

“有朋如此真好啊。”坐享其成的看云如是叹。

2月28日 / 星期一 晴

表彰

早自习，检查周五布置的“练习一”。

黄云飞、朱翔宇、张思凡、姚剑强根本没做；十多人做了但没有请家长签字；王涛、周子善、李玉琢、聂大伟书写工整，答案正确，并有签字——之所以注意到这四个借读生，是因为在上学期，为作业的事情不知道给他们家打过多少次电话。而四个没有做的孩子，恰恰又都是厂里的孩子。

对比强烈啊。是这四个“旧貌换新颜”的孩子，令我对“农贸市场人”彻底改变了看法。

表扬和批评的需要同样迫切地摆在了教师面前，怎么办？

第四节课，把学生全部留下。

“看这些漂亮的工艺品，这是老师孩子过生日的时候，同学送他的礼物。现在，老师把它作为奖品发给进步突出又稳定的孩子，希望你们将来比老师的孩子还要好。”

同时给家长发奖品：王涛、周子善、李玉琢、聂大伟每人替父母领到一本图文并茂的精美杂志——虽已过期，但因为我的珍藏，漂亮得如同新买的一样。我相信，将我们母子的珍爱作为奖品，绝对不会白白付出。

这样做，绝非冲动。

看见孩子稳步前进，教师就要锲而不舍地表扬再表扬。我就是用这种方法告诉他们——告诉全班，也告诉父母——他们，已经是热爱学习的好孩子。我在一段时间里集中热力表扬几个孩子，当“我是好孩子”的心理暗示和“他是好孩子”的群众印象确立、巩固的时候，我就将目光转开，再去搜寻新的目标。

这次集中表彰借读生，其一，是因为他们的进步确实惊人；其二，是为了刺激一批自我感觉良好的职工家长，让他们有紧迫感——确实，面对借读生咄咄逼人的进步速度，他们也该有紧迫感了。

上学期写过《一（2）班没有差生》。我是贪婪的，仅是“没有差生”还不够，一（2）班应当有越来越多的热爱学习，也就是对自己的生活富有责任感的优秀学生。

这一切，都需要有家长的努力。

我对王涛父亲说：“还记得去年期末考试之前我们怎么约定的吗？我们一起好好干，争取让王涛考及格了过年！结果呢，他考了 88 分！这学期，为了王涛的 90 分，我们加油！”

电话里的声音充满激动："谢谢老师。我事情多，成天不在家，是他妈妈天天把着他搞。我们没有文化，为了小孩，大人只好跟着学。"

无论贫富，教育是所有家庭最大、最根本的事业。我相信，一旦王涛在好孩子的队伍中站稳，父母自会越来越省心。到那时，才可以甩开膀子挣钱；到那时，挣的钱也才牢靠。

同时奖励的，还有"识字转盘"做得漂亮的叶少华、李德昊、宋振亚。

下午，让几个孩子朗读《看图写话》的内容。听见之后，李想、李玉琢、朱丽丽、高尚、王新宇几个，立刻擦掉原来写好的一句话，专心致志写一段话。

教师和题目都没有要求非写一段话不可，我还有其他的内容要讲。可是看见这种情形，我当即停下，让其他同学边读书边等待——我们等待的，乃是风中飘摇的好学上进的火苗。

我用关爱的大手拢住火苗，并且送出源自真情的热量——期待着它一点点燃烧起来。

每一个人都好，是大家更好的前提。

下午的感人情形，和上午的表彰不无关联。

3月 March

如果没有了研究与发现的快乐

3 月 1 日 / 星期二 晴转阴

春光也可憎

测试卷没到，考试且往后推，等测试卷来了再考。这学期没订 A、B 卷，课业负担会减少些。

春光美，春风暖；春光令人困，春风令人懒。课堂上，孩子们没来由地蠢蠢欲动，左顾右盼。课的进行有时竟成了教师意志与学生涣散状态的顽强较量。

上午学习“练习一”，光是读第一题，就读了五六遍——

总是读错音，总是有人叽叽喳喳。

“错了，再来。”

“不齐，再来。”

“还有人不看书——再来。记住，什么时候读好了，什么时候我们往下走。弄不完，放学都别回家。”

觉得自己残忍，但是没办法。终于，他们明白了“众不敌寡”。齐齐把心思收回，仿佛孙悟空屈服于紧箍咒。

只有一个人还在玩手。不能再因他而耽误大家了。

“高岩松，点名一次！——看第二题。”

就这么着，第二题还是读了三遍才“竣工”。至此，他们总体进入学习状态。于是有了下面的“彩头”。

欢声雷动　欣喜若狂　载歌载舞　灯火辉煌

“谁给我们解释解释？”

李卓然从容不迫：“欢声雷动——很多小朋友一起笑一起喊，声音大得像打雷。欣喜若狂——小朋友高兴极了，像发了狂的大狮子。载歌载舞——人很高兴，又唱歌来又跳舞。灯火辉煌——灯很亮，火很旺，到处都很光明。”

《村居》，早自习初读时说过一遍诗意，再说一遍：“有能解释的吗？”

李德昊：“‘草长莺飞二月天’，草发芽了，鸟儿飞翔，这是二月，这是春天。‘拂堤杨柳醉春烟’，杨柳又软又长，摇来摇去，在春风中像喝醉了酒一样。‘儿童散学归来早’，小朋友学习表现好，老师让他们早早回来。‘忙趁东风放纸鸢’，一到家就跑出去放风筝。”

之后，郭乐也大致如此地说了一遍。举手者寥寥无几——因这大大超越了一年级孩子应有的程度。

给了他们“非一般”的自悟力、理解力、记忆力的，是在广泛阅读中培养起来的智力。

3月2日 / 星期三 晴转阴

我们都是春笋

早自习，温习过“14首”。

“有不会背的吗？举手。”没人举手，都抬着头，坦然自若地看着教师。按捺着内心的窃喜，每组抽查一个，确实都会。

“从本周起，儿歌不再打分。因为我们都会背了，都是100分，就用不着打了——是不是？”

“是。”回答里带着犹疑和不舍。毕竟，100分是可爱的——哪怕人人都有！但是，时候到了，我就要带领他们，超越“初级阶段”，往更高层次去。

“从现在起，日记也不是只要每天写了就能得100分。写得好的，才能得满分。60分到100分，老师根据各人情况给分。到现在还没有动笔写的几个人，下周再不写，我可要惩罚你们了！”

在鼓励和感召之下，六分之五的学生都动起来了。少部分人，看情形是不能指望“自愿”的——世界上的事情哪里有完全靠自愿就能解决的呢？为免他们落得太后，现在对于他们——需要逼迫了。软硬兼施——“硬”所针对的是少部分，只有在这种情况下，“规则”才有群众基础，才具长期的可行性。

然后发奖品。展览韩玉琤、胡婧怡的漂亮日记。

然后再给学生家长发奖。茅卫东每周寄来的《中国教师报》颇具可读性，看过扔了很可惜，何不让家长也读读教育文字呢？ 10 个人里，哪怕有一个读进去了，也是好的。

“父母的奖品，靠你们争取。请发言，说说父母有多么好，对你的学习有多么关心。”

先是沉默，然后一个接一个地说。

“我爸爸妈妈一进市里就带我去书店看书、买书。”

“我妈妈天天给我看日记。”

“我爸爸每天督促我读一个二百多字的小故事。那么厚的一本，我就都读完了。”

“我爸爸辅导我做卷子。”

黄云飞站起来了，我让他坐下：“你周末的作业没有完成，你不要说——我们不光要用发言，更要用行动为爸爸妈妈争取奖品。高岩松，把手放下，你最近上课老走神，这是爸爸妈妈希望的吗？等你上课专心致志了，我们就给你家长发奖！”

教室里很安静。安静中，孩子们的发言充满热情，也充满感染力。听众的表情流露出羡慕和也想如此的冲动——可惜家长们看不见！

周子善、孙琪先、常睿琪、李卓然、金佳岷、郭乐、李宋杰、李旭冉、丁雨辰、李想——在他们充满感激和自豪的陈述中，10份报纸被领走了。

“我妈妈在外面打工，老不在家。我爸爸在紫蓬山做生意，每个星期二，他都让我把14首儿歌从头到尾背熟。我作业不会做了，我要签字了，一打电话，他就关了店门回来。”说着说着，李想要落泪了。

我给她的是《校园文苑》，里面恰好有我的《借读生赵长胜》。

我相信，在这个班级里，早早可以脱手的，恰是这些早早着手的家长。人误地一时，地误人一年。教育也是这个道理，关键时段错过了，其后必长久处于被动还债的窘境。

课文有配乐朗读磁带，可是我嫌那声音过分尖脆，宁可自己给孩子们选音乐——带着他们在音乐的旋律中找到文章的节拍，那种感觉真好。

有冬眠的宁静，有苏醒的灵动，有出土的快乐，有生长的力量感和自豪感——班德瑞之《早晨的空气》配《春笋》，简直是天衣无缝。

它们迎着春风，在阳光中笑，在春雨里长。一节，一节，又一节。向上，向上，再向上。

优美而健劲，充满动感与激情，音乐的高潮恰是文字的高潮——孩子们读得目光灼灼，脸儿红红。

孩子们，
我们都是春笋。
春天了，
我们一起：
一节，一节，又一节。
向上，向上，再向上。

3 月 3 日 / 星期四 阴转晴

唤醒的途径

感谢苏大师。

“也许放松更好”——对于我和我的学生，都是“大道甚夷”的美好福音。

上学期，遇到相对灵活的题型，相对固定的几个学生，总是落在最后，且做不出来。而我呢，总是和颜悦色，有心情就讲解，没心情或者没时间就放他们回家：“让爸爸妈妈教你们吧。”

“老师再见！”他们总是很高兴。

不是不负责，是因为完成这类题目所需的阅读理解力他们没有具备。在此情形之下，头痛医头的“辅导”是没有实际用处的。《学会关心》说得好：我们为能找到汽车而记住的车位，等汽车一发动，就把号码忘记了。那么，我们为考试而强行记忆的东西，是不是也一样呢？

不着急，以百倍的耐心等待这些孩子的思维苏醒——催醒他们的，只能是兴致勃勃的充满童趣的广泛阅读。

这学期，“马虎眼”不能再打。几个弱孩子，有的已能独立解题；有的一说就懂；有的一遍不明白，就会自己找同学或者教师问。他们的思维，觉醒得如此迅速，是我没有预料到的。

上午，做《基础训练》。第四节课，三个没有被查完的孩子在教室等我——王涛、周子善、聂大伟，还有等着和王涛一起回家的王辰伟。

“根据课文连线”，四条线，王和周都错了。我只讲解了一处，他们就都明白了，兴冲冲地回去订正——小小的脸上，荡漾着豁然开朗的快乐。

临走之前，让他们背诵《春笋》《雨点》。王涛、周子善会背八成，聂大伟背得很熟。

“每篇课文，我妈妈都让我连背几遍。”聂大伟告诉我。

“我妈妈也是。”王涛、周子善噘着嘴告诉我，他们的目光里满是对表扬的期待。

我笑了——现在绝不是问“那你们怎么背不出来呢”的时候！

一手一个，摸着他们仰起的脑袋，我说：“我知道，你们都是爱学习的好孩子，你们爸爸妈妈都是关心你们学习的好父母，老师喜欢你们。下次，等你们背熟的时候，老师更加喜欢你们——喜欢上语文课吗？”

“喜——欢！”四个人几乎欢呼起来。当老师的满意而去，转身之际，暗笑自己虚荣得过分。如此问来，他们敢说不喜欢吗？

就算是自欺欺人吧，我需要这种感觉。

从来不听写生字，从来不检查背书——难怪李宋杰妈妈说：“小孩子把背儿歌看得比背课文还重要。”

我是这样想的：初读、再读、分段读、分句读、小组读、配乐读……一篇课文，光在课堂上，就读了十几个来回。这一过程中，教师使尽解数，调动学生们的积极性，让他们读出语感。如此多的遍数下来，如果还不会背——也就不会背了，逼有何用？

当然，从负责任的角度看，教师可以检查，留下不会背的，过关才放行。可是，那种沮丧的、硬性的记忆，其效果能保持多久呢？最可痛惜的损失在于：这样做势必会摧毁他们对课文与学科的热爱——对于这些“娇弱的花朵”而言，那份热情，是教师无论怎样珍爱、怎样培植也不过分的。没有了这种积极的情感力量，以后的长期学习，将何以为继？

记忆力不好的原因有很多，教师所能给出的解决方法，就是通过富有吸引力、启发性和感染力的课堂教学，通过“诱使”他们投身其中的大量阅读，使其智力生活背景变得开阔而生机勃勃，成为一方可以期待花艳果满的热土——而不是抓住这一课、那一字的硬疙瘩不放。

孩子小，不能理解教师的“高度责任”。压力多大，反抗多大——其结果，只能是孩子的心日见萎缩、顽固，直至成为僵硬的核桃。

学期统考，玫瑰所带班级名列倒数。家长想轰走她，校长绷不住，找她谈话。玫瑰随意喊来一个调皮男生，让他掏出教师自编的《唐诗选》让校长点了背。然后玫瑰说：“校长，这是不是语文？”

玫瑰说过的教学故事很多，这一个最得我心。而她的学生所取得的成就，我以为，属于我们这一伙。

我的勇气没有玫瑰大，我不敢说考试不是语文，正是为了让孩子可以成为考试的主人而不是挣扎在考试铁轮之下的奴隶，所以，我现在宁可这样盖着葫芦摇。

结果如何呢？现在他们呈现出来的状态，大约可以给出答案了。

在别的同行严格要求、严防死守的时候，退一步，走开——而不是离开——用更为温暖、更为长远的关爱的目光笼罩着孩子；用更为宽松、更具吸引力的教学方式召唤孩子，然后，他们与“优生”的距离越来越接近——就算永远有一段距离又怎样？重要的不是替教师考得多少分，而是他们能够享受学习、享受语文。

“也许放松更好”，讲过几次，有领导不能接受，怕教师听了从此不管差生；也有教师听了不理解，以为我是放弃责任。

于是这次济南之行没有说。

殊为可惜。

“还是你没有说透。”小安说。

也许吧。

对于思维暂时沉睡的孩子而言，唤醒的途径唯在于广泛阅读和对学习保有浓郁的兴致。在小学，放弃前者，将永远错过孩子们生命的春季；牺牲后者，是典型的竭泽而渔。想想孩子将要面对的漫长的学习岁月，个人以为，教师的残忍，莫过于此。

3月4日 / 星期五 阴转晴

就因为她声音小啊

放学了，还有几个孩子作业没写完。

“胡婧怡。”我叫道。小姑娘慢条斯理地抬起眼睛看我，面无表情。

“去我办公室，随便跟哪个老师说，让她把我的《鲁迅十年》拿给你。”

“什——么？”仿佛蚊子在哼哼。

“把老师的《鲁迅十年》给拿来，我边看边等这几个同学。”

去了。猫一样悄无声息，步态之从容，令人敬佩。

“你们班胡婧怡真好玩，站在门口，一点点大的声音：我们薛老师，要《鲁迅十年》。上次拿录音机，也是这样秀气。说了几遍才听清——为什么还让胡婧怡来？为什么不换个利索点的孩子？”

“为什么？就因为她声音小啊。”

“倒也是。上次是站在那里不吭声，问了才说‘我们薛老师，要录音机和《春野》’。今天虽然声音小，总算主动开口了——有进步。”

化雪纯、张悦媛生病了。希望她们早点好透，星期一来的时候欢蹦乱跳的。

3月8日 / 星期二 晴

断 想

上午第三节课，第一单元测验。

90分以上33人，其中95分以上14人；

80—89分16人；

70—79分3人；

60—69分2人（周子善、王涛）。

同学们都走了，王涛对着卷子，眉毛拧成一团。教室里只有我们师生，读不明白的两道题目，我便教他。

“看，图上画的是游泳。这是标枪，这是竞走，这是跳高——书上有的，忘记了吧？这道题呢，是让我们填量词：一棵柳树、一朵桃花、一根竹子、一块石头。”

男孩瞪着眼睛——看样子，恨不得将对面这个人连同她的声音一齐吞进肚里——然后，俯下身子，把教师所念答案一笔一画写出来——因为他是王涛，他能这样，就足以让我高兴啦。

高尚的95分，尤其让我高兴。开学以来，他的学习状态很好。下课的时候，他总喜欢跟我聊天——所谈全是读课外书的感想及爸爸妈妈帮助他学习的事情。

下午，高尚递来一张自测卷：“这题我爸爸妈妈都做不出来，爸爸让我来问老师。”

原来是个字谜。先在黑板上写出一个“燕”，让他念；我呢，拿着板擦，一边听，一边抹：

一只小小燕，
不见头和尾。
嘴巴哪去了？
只有双翅飞。

“啊！是北！这是北！”他高兴地叫了起来——周围的同学也笑了，多么快乐！能够品尝到学习的快乐，是作为学生的最大幸福；能让学生品尝到学习的快乐，是教师的最大幸福。

个别阅读及课堂反应很棒的孩子，分数不太理想。这种“意外”每次测验都有。一面替孩子痛惜，一面寄希望于他们的父母。一（2）班的学生家长，到今天应当懂得：在小学，对于语文学习而言，分数不重要，重要的是热爱读书。不读书，死抠卷子也有考高分的，但那种分数和思维、表达能力都没有关系；反之，只要是热爱读书的，一次的不理想，只是一次偶然。

恳请家长多想孩子的艰辛和不易，不要拿人家的“好孩子”跟自己孩子比。

请记住，你爱这个孩子，不是因为他（她）好，只是因为他（她）是你的小小的孩子——你的，天天劳累未必轻于成人的孩子。

3月9日 / 星期三 晴

人岂胜天

人定胜天——这种欲望或者雄心壮志，是多么狂妄和可笑啊！几日以来，我的急躁，正源于这种不自量力。

懒困之极的暖春，热气腾腾的教室——课间疯到满头大汗的孩子，想让他们把心归到书里，沉到文中，简直难于上青天。

于是心态失衡，于是拍击“屡教不改”者的前额——于是“啪”“啪”之声不时响起。

偏偏，今天学习《草原的早晨》。于是，就在这“啪”“啪”的脆响之中，孩子们强打精神读：

“啪！”“啪！”响亮的鞭声打破了黎明的宁静。铺满新绿的草原醒来了。

如此40分钟下来，自是倦不可支。分析起来，精力的消耗，多在于火冒三丈，而不是讲课本身。今日作记，是一个自我批评和警醒的意思。

当然，值得高兴的事情也有。软硬兼施之下，他们终于把心收回。

“同学们，注意到了吗？课文标明重音符号、停顿符号之后，朗读就整齐、好听多了。根据自己的朗读感觉，试着给句子加加看——有谁会呢？”

李旭冉、鲍秉轩、李德昊……相继举手，加得很好——自然，这是没有标准答案的。但是，我还是让大家按他们的意见做了统一标记，作为对他们的鼓励。

能够根据自己的感觉，标出重音符号和停顿符号。这就意味着，他们的语感，正在接近自觉和理性的层次。

篇篇如此——除非题型偶然“合榫”。花费了大量时间和精力的这件事情，与考试基本无关，但是我就是喜欢做。因为对于孩子们而言，这将使“读”变得美丽、享受。

第四节课，操场上举行庆“三八”跳绳比赛。结束了，一片欢笑声中，小安挺着肚子庄严地回来了。

“天，我没有看错吧？这么长时间，才敲这么一小截？”对着屏幕，小安大惊失色。

这时候，我才意识到：几日以来，自己记日记的速度慢了许多；初稿之后的精简和润色，也十分耗时。

懒困之极的暖春啊！安静凉爽的办公室啊！人定胜天——人岂胜天啊！

于是再次想到了课堂上迷迷瞪瞪的学生——将心比心，对他们，还要多些理解。

虽然压力很大，虽然很难做到。

3 月 10 日 / 星期四 晴转阴

一周只能享受一次

做“练习三”，逐一检查放行。

“一次成功”的只是个别。很多人东一处错，西一处错——订正了还是错，来回折腾六七次才完工。

这也是我咬紧牙关、坚持面批的原因。下午有下午的作业，明天有明天的内容，存在的问题一定要当时就地解决——否则，旧债掩新知，困惑会积成雪球。

过十一点了，李想、聂大伟也走了，教室里又是那两个人。做着做着，周子善表情越来越悲苦，一副要哭的样子。

“你怎么了？急了吗？”

“是的，回家妈妈还有很多作业等着我！”可怜的孩子，伤心至极，哭得泪如泉涌——瞬间，我的眼睛也湿了，心里有说不出的难过。这些可恨的练习和考试，耗费了师生大量的时间与精力，也时时煎熬着教师的教育良知——每天做的很多事情，与我理想中的语文教学，相去甚远！但是，有什么办法呢？

“你每天晚上几点睡觉？”

“八点。”

“你想在这里做完呢，还是回家做？让妈妈看过了，下午给老师检查？”

“我，我想回家！”

“那好，回去吧。告诉妈妈，中午做完剩下的练习题就可以休息了，否则下午要犯困。”

王涛还在那里埋头苦干呢。

“回家做好吗？跟周子善一样，让妈妈看一看，下午我检查。”

下午第一节，语文——这个时段，学习效率最差。

什么都不说，黑板上写着“渔舟唱晚”“花好月圆”。难得的修养身心啊，孩子尽情地沉醉其间。

这中间，我检查了两份作业——之前打定主意，就算他们没做完，也不再追究。对于有些孩子而言，超越了承受能力的学习任务，只能让他们成为沮丧厌学的苦人儿。适度的放松，反而有利于他们的学习和成长。

两曲结束，黑板上又出现了“空山鸟语”“平沙落雁”。孩子们惊讶不已——喜出望外。紧张学习的煎熬，大约让他们知道了：能在课堂上欣赏音乐，是多么值得珍惜的一种幸福！

“这两首音乐，是特地送给王涛、周子善的。虽然他们的考试成绩不太好，可是他们在学习上表现出来的自觉与刻苦，却是值得我们大家学习的。”

不知道孩子们怎样理解，是否理解。说这话的时候，教师的心里充满感情。是的，正是这些吃力的孩子所表现出来的坚韧，更让教师感动与受到鼓励。当然，值得表扬的，还有他们一年不到的时间里，“完全不一样”了的父母。

优雅、舒缓的音乐，在教室里流淌。《平沙落雁》将终的时候，黑板出现了作业内容：“《春到梅花山》《草原的早晨》两课的拼音写一遍、生字写四遍。请看田字格。”

翻书、取笔、私语，种种声音轻轻悄悄、起起落落，如同小小的水花，而《春江花月夜》，则是婉转于教室与师生心田的从容丰盈的浩荡清流。

不要那么急，不要那么累。停下来，让音乐从心灵的深处涌将出来。

这才是春天该有的学习境界啊——可惜，一周只能享受一次。大多数时候，都在一课压一课、一题压一题地往前赶。

消息标题：RW：别了，老师

尊敬的薛老师：

您好！当您打开此信时，或许我已经离开了生我养我的故乡，正踏上南去的列车。

这几天，我一直在家默默地围着菜米油盐酱醋茶转，弥补我多年未尽到的责任和义务，工作上我可以自豪地说我是称职的，可家务活方面我可是个低能儿。尽管如此，我还是难以避免我的辞职给李德昊造成的伤害。说实在的，就在看着被我收拾得空荡荡的衣柜的一瞬间，我的心里莫名地漾起难以名状的酸痛。但愿我的辞别会给孩子留下一笔宝贵的精神财富。

薛老师，您是我最敬重的老师，从几年前您的那次精彩演讲后，我就一直默默关注着您！我会一直为您送上深深的祝福！也会时刻关注李德昊以及一（2）班所有其他学生的健康成长，祝他们早日腾飞！

金戈如能考上上海某大学，如果我还在上海，别忘了让他去找周姨。

3 月 11 日 / 星期五 阴

心之忧矣

昨晚雨，气温陡降。

心有千千结，所系在金戈。

儿子是如此之省心，将近三年，我从来不曾为他的功课及表现担忧。临近高考，我的心境，也没有因所谓黑色六月有一分沉重——学习是一辈子的事情，只要孩子尽力了，做母亲的别无所求。

然而，他的肠胃不适已有四个月了，药吃了很多，到今天还是没有好透。看见不适折磨着儿子，作为母亲，心之忧矣——如煎如焚。

已经看过三次医生，安医、省立医院都去过——再看，是否要去中医院呢？

他的同学，或胸闷，或胃痛，或失眠，很多人都有程度不同的身体不适。显然，那是压力导致的。然而金戈，我们几乎没有给过他压力。

只有忙碌起来，才可以忘记心疼——况且我也知道，可以帮忙的只有医生的诊治和儿子的自我调节。他也好，我也好，担忧有什么用呢？我的担忧是白担忧，他的担忧是徒伤精神，而且加倍地影响健康和学习。

所以，只有克制住难过，该干什么干什么。

早晨，迎着寒风，儿子出门了。紧接着，我拉开窗子，看着他年轻的辛劳的背影。如此这般早出晚归、风雨无阻——儿子正走着的，是他高中的第三度春夏。

早起的清洁工在尽职地扫地。儿子大步流星——因为眼睛不好，他是否回头看见了张望的我，我不知道。

不知道他午餐的食欲可好，不知道他听课的精神可足，不知道他中午是否小睡片刻，不知道关于身体状况的交流，他又从同学那里得到什么信息。

心有千千结，所系在金戈。儿子身体不适的日子里，一天是如此之沉重与漫长。

天凉了，孩子们的学习舒服多了。

今日任务

教学“练习二”，做第二单元测试卷——没有完成的部分，周末回家继续做。

3 月 14 日 / 星期一 阴

小拇指、大拇指

下午品德课，内容为《我的手真巧》。

“竖起大拇指，这表示赞许；指头勾一勾，这表示约定。同学们，有愿意跟我勾一勾，做一个约定的吗？”

“我！”

“我！”

“我！”

或白或黑、或脏或净、或长或短、或胖或瘦的众多小拇指跷起来——招摇、伸屈——呼唤。真是“会说话的手”啊——这一刻，小拇指代表了他们的全部身心。

“我不和你勾！我知道，你喜欢挖鼻孔。”我对一根小拇指说。

只这一声，满怀着沮丧和羞愧，好几根有着相同爱好的小拇指，垂头丧气地缩了回去。

“老师，我想学习进步更大。”

“你一定能行！”

“老师，我想在我过生日的时候，请你到我家吃蛋糕。”

“不行。都请，我会吃成大胖子的。”

说着说着——约定变成了孩子们对自己、对老师的希望。

李卓然说：“我想让自己变得温和起来，不要对同学太凶恶。”

“真好，相信你能做到。”

常睿琪说：“我希望老师说话声音小些。”

“天哪，我的声音还大吗？”

“大！”

“不大！”

“就大！”

“就不大！”

瞬间，下面成了鸭子塘。我只得敲着桌子，实行高分贝弹压：“静一静！静一静！静一静！不要吵！”然后，我转向常睿琪：“看见了吗？要我声音小，也得你们安静才行啊。老师可不是一个喜欢嚷嚷的人。”

“嗯！”善解人意的小女孩深表同情。

“老师老师，我想和你做朋友。”李想说。

“哈哈哈，我们早就是了呀！”

“老师，我希望你不要打我们。”邢虎威说。

“老说不听，偏打！”小拇指在他的额头轻轻一弹——大家都笑了。

“老师老师，我想上课快一点。”李卓然说。

是了，第二单元结束之后，连今天——三天没上新课了。

早自习加一节课，讲完两张测试卷。因为家长先查过一遍，所以可以进行得如此顺利和省时——所以品德课上，才可以做如此轻松的交流。

文武之道，一张一弛。

倾听或者喊叫的小拇指们，感谢爸爸妈妈吧，朝他们竖竖大拇指。

3 月 15 日 / 星期二 晴

寡不敌众

风和景明，天高气清——这是我喜欢的春。

“同学们，上午接着复习，下午考试。”

“不行！”李旭冉噘起被“火气”冲出一片红痂的嘴唇，“明天考！”

“为什么？就在昨天，不是你嫌我们上课慢吗？考过试，才好上新课啊！”

“你明明说的，星期三考——上午第三节，往后面拖一点点！”

“我说过吗？”

“老——师——你——说——过——”

慢条斯理，从容而坚定，满满的少年老成——典型的唐雅馨语气。一片嚷嚷之中，她的声音，像突出海面的粗粝的礁石。看看人，板着一张白脸，正翻着眼睛看老师呢，目光里满是不满。

“真的吗？老师说过？什么时候？我怎么一点儿都记不

得了？”我很担心他们齐了心来欺负记性差的老人家。

“说过，说过！”又是一片嚷。第一排的江业雯站起来尖叫——因为激动，辫子也立起来了。

努力回想了片刻，还是没有丁点儿印象！

然而，我只能说：“那就明天测验吧。下午，我们就上新课《蘑菇该奖给谁》！”

欢欣鼓舞啊——胜利的快乐洋溢在整个教室。

3月16日 / 星期三 雨

流 水

谢谢各位老师的鼓励。不能一一回复致谢，请原谅。

在岳阳我说过：“教师的根应当扎在两处沃野——一是学生，一是书籍。平时的我，上网只为给家长、学生写这汇报和交流性质的流水账。”

“日吐千言，力尽于此。”眼睛不好——请大家见谅。

儿歌背诵抽查，情况令人不满——孩子们松劲了。从这一周起，要求家长签字。

日记还没有开始的两人，课间罚站10分钟。

上午，就日记和周子善父亲通电话，为孩子的变化，我大大感谢了一通。

“薛老师，我和他妈妈也发现，周子善今年和去年不一样了。去年放学回家，书包一丢就是玩；今年不了，今年就知道说，还有儿歌没有背，还有作业没有写。小孩子的性子，也变得温善懂事了。”

十分高兴！

三百六十行，行行成就人——是的，他们不可能将来都吃考学的饭。在他们必须读书的这段时光里，教师能做的，是通过自己的努力，让孩子尽量学得愉快，让孩子在多多少少汲取些知识、浓浓淡淡染点书香的同时，不知不觉中，心灵往好的、幸福的方向去。

多么好。

第二单元测验情况：

100 分，4 人（胡婧怡、唐雅馨、韩玉琤、常睿琪）。

95—99 分，15 人。化雪纯 99 分（前五名都是女生）。

90—94 分，12 人。朱紫晖 91 分。他是全班第一个完成试卷的“快手”，比之去年，他简直换了一个人！

80—89 分，5 人。

70—79 分，4 人。

60—69 分，2 人。

不及格，1 人。

新转来的李锋，卷面成绩 26 分。和“老同学”相比，他基本没有读题能力。慢慢来吧，这个差距可不是一两天可以弥补的。

3 月 17 日 / 星期四 阴

播 种

奖给前五名的，是一个练习本。这可不是普通的练习本，上面印有“合肥市第一中学”的字样。教师表达的，是一种热忱的期望。

在大家的艳羡声中，进步突出而稳定的朱紫晖，得到了一个小小的沙漏。奖励朱紫晖，自然要奖励他的同座。

“哇！”

“好好哦！”

“我也想要！”

把玩着蝴蝶状的小钱夹，张悦媛必定喜出望外。

昨天，在胡婧怡的日记中读到：孩子习惯了与肖君军同桌，不能接受新同学，于是，妈妈深入浅出地给她讲了一通大道理，比我说得还透彻。

深怀谢意！

“我们一（2）班是一个团结友爱的集体，我们像兄弟姐妹一样地生活在一起。我们要看见同学的长处，多互相帮助，少互相抱怨。这样，我们的班级会越来越好，我们每一个人也会进步得越来越快。胡婧怡，李锋进步了，奖励他的时候，老师也奖励你！王辰伟，王涛成绩提高了，奖励他的时候，老师也奖励你！李卓然，你要继续帮助聂大伟。”

“耶！”莫名其妙的孩子，没头没脑地欢呼。

然后，同桌之间——你看我，我看你，仿佛是嫌对方不够弱，恨自己没有施展帮助之能的对象和空间。

我知道，总有一天，孩子们不会再为这些小玩意而激动、兴奋——然而，在这个特定的时段，随兴奋激动而播下的种子，到那时已然生根发芽，郁郁青青。花香一样怡人、果实一样可靠的，是充满孩子心田的来自班级的温馨感与归属感。

从一定意义上说，这种感觉，比成绩更值得培养和追求——更不要说，这种感觉，是把大家的成绩一齐往高处托的强劲、持久、亲切的风。

作为教师，对此，我有充分的信心。

3月18日 / 星期五 晴

清　明

晴朗而不闷燥的日子里，春天多么美好——这叫清明。

早晨的空气，是秋一般的清冽，阳光如满贮于天地之间透亮的澄水。教学楼东边的草地上，朱翔宇、鲍秉轩、宋振亚、高陈、李宋杰、叶少华、金佳岷……几个男孩子头朝里围成一个圈圈，幸福地仰卧——鲸在睡觉的时候就是这样的。他们你看我，我看你，无厘头而又欢乐地笑着，像幸福的太阳鱼。

昨天下午发下的成绩，有高有低；昨天晚上他们的家长，有喜有愠。然而，当一夜过去，当早晨——新的一天来临，他们又都欢畅依旧了。

这是蓬勃的生命的力量——至为可喜，至为可贵。

施俊瑞、秦本顺、丁雨辰，则围坐在廊下的半圆形小水泥台上全神贯注地拍纸牌——“翻了！拿来！”“翻了！又一张！”“翻了！”连战连捷，施俊瑞的胜利，让玩伴的脸上布满沮丧。

校园没有任何运动设施，所以一直以来，对于孩子自发的游戏，我不禁止。而且我希望那方草地不要种树，干脆就作为低年级孩子的运动场。孩子的需要，才是校园建设的依据和出发点。

很想和他们一起在软和的土地上打滚，很想和他们一起“赌一把”。

为了省气力，范读主要交给了配乐朗读磁带。

一周一次真正的听音乐仍然是必不可少的——至少我是这样，否则心里有难忍的渴。和孩子们一起，在教室里、在课堂上听音乐的感觉，是在家里的独自享受不能代替的。

《骑牛比赛》结束了。

“同学们，从前我们听的都是安静的音乐。今天，我们听一首不一样的。磁带上的曲名都是外文，老师不认识，我只能告诉你们钢琴手的名字。”

于是，他们随着我的板书道：“马——克——西——女——啊，不——姆！”

热烈、激骤、升腾、下坠、飞旋、疾驰——这是风暴在狂舞，这是闪电在歌唱。

“孩子们，想象一下音乐家的手指。”

根本坐不住，跳啊扭啊，十指在桌面上飞快地颤动，脸色越来越红，眼睛越来越亮。音乐如火焰，被点燃的情绪的礼花，在教室里飞升、爆开、绽放，一团接一团，一束接一束。

该做作业了。

“放音乐吧。”孩子们请求。

“好的。”

“还听马克西姆！”鲍秉轩意犹未尽。

“不行。那样的话，你们的字都要飞起来，打碎老师的眼镜！”

“平沙落雁——春江花月夜。”念完之后，还是因为音乐，他们神情安详地写作业。

这样的音乐，挺适合写毛笔字。

第四节课，教室里只剩几个人了。李智炫把“参观”写成了“参欢”——我指着黑板上的词语，点出“参观”四次，他连错四次。

第五次，他写对了。

“你把这个词写四遍，好吗？”

“好。”

后两个“观”的右边又写成“贝”了。

“真粗心啊。把这个字再写四遍，好吗？不要急，越急越容易出错——越回不了家。”

“嗯。”孩子第六次回到座位，写到第二个“观”的时候，竟然哭起来了。

“急了是吗？”

“是的。”

“家里有人在门口等，是吗？”

“是的。”泪水眼看要落到纸上，他赶紧用手背去擦。

“不要急，”我摸着他的头说，“你看，老师陪着你呢，那几个同学比你还慢呢。记住了，以后一定要细心。”

“嗯。老、老、老师，我写好了。”

“很好。”

“薛老师，再、再见。”

快乐因分享而倍增，艰苦因分担而减半。孩子出错的时候，也是他们沮丧和痛苦的时候。这时候，他们加倍需要来自教师的抚慰和帮助；这时候，教师越发要用行动告诉他们：孩子，别气馁，不着急，老师和你在一起呢。

下午没有课。这是一周里唯一清闲的半天。开始读施良方《课程理论》，感觉十分入味。

原来，我不是自己以为的那样与“学院派”格格不入，我只是厌恶“无以为有，虚以为盈”的装腔作势。

这样严谨透彻的介绍和阐述，正是我需要的。

这便是朋友自作主张送书给我的好处，否则，以我对自己的偏见，不大可能买这样的书读。

感谢萧玲。

3 月 21 日 / 星期一 雨

分不清

“姐妹花”原本不在一屋——怕的是同一个班级的老师分不清。

“幼儿园阿姨搞不清，学前班老师也搞不清。”做父亲的很遗憾。

经过一番犹豫，两个都进了一（2）班。

“我不是第一次带双胞胎，能分清的。不要担心，担心就是小看老师啦。”当时我还吹呢。

可事实是——到今天，我也不能分清她俩谁是谁。

早自习后，为节省时间，我利用课间 10 分钟在田字格里写字。一圈娃娃围着看，同时有一搭没一搭地跟我聊天。

“你是方子妍！”满脸稚气的一个，正在右边讲台上起劲地蹦跳，我很有把握地说。

“不，我是方子裕。”

“哈哈，老师分不出！”一片幸灾乐祸的笑。

过了一会儿，一模一样的一个从左边凑过来。看见脖子上挂着的钥匙，我更有把握啦：“你是姐姐——方子裕！”

“不，我是方子妍。”

“呵呵——又错了！”更大一阵哄笑，几个不怀好意的小东西居然鼓起了掌。

“老师老师，我能分清！”江业雯喊道。

“有什么了不起？我也能！”唐雅馨把嘴撇到耳根的近处。

“你们是怎么区分的？”

“老师老师，她们头上的发夹不一样，一个是紫红色的，一个是大红色的。”江业雯点着其中一个的脑袋说。

“还有，她们书包上的花也不一样。”唐雅馨补充道。

“哦，”我笑了，在心里原谅了自己，“其实，她们也分不清。”

3 月 22 日 / 星期二 阴

安康更重要

上午读课文。

“山上有一棵小松树，山下有一棵大松树。”琅琅读书声中，第一排的刘月辰声音响亮，表情丰富。这在她，可是难得的情形。

教师闻听，大喜过望，使劲表扬了一番。

下午做第三单元测试卷，她却没有来。家长和同学也没有代为请假的。怎么了？教师心里嘀咕着。

李锋没有卷子，我的给他用了。讲题目的时候，我就用刘月辰的。

下课了，随手带出刘月辰的卷子。

刚要上楼，鲍秉轩气喘吁吁地追来。“薛老师——薛老师，我对你说啊！”他白白的圆脸涨红了，双手不停地比画，“就是刘月辰，她在家里摔了一跤，不能来上学了。她妈妈让我给她请假，还让我把作业带给她。”说完，目不转睛地看着教师手上的东西。

"给，谢谢你啦。"

原来是这样。我知道了，同时也有了牵挂。

走路防跌，吃饭防噎。希望小朋友们个个平安无事，有事早些安康——这比学习更重要。

3月23日 / 星期三 阴转晴

刘月辰来上学了，额上贴着一块纱布，应当无大碍。

知 音

读书课后半部分：自由阅读——在音乐中。

教师喜欢听筝，学生也就跟着享受。听完一盘再买一盘。

第一支，《高山流水》——俞伯牙、钟子期，知音、知己，巍巍乎高山、洋洋乎流水……教师不免演讲一番。

似懂非懂听罢，回到音乐，小家伙们的状态好像有了小小的变化。

“这是什么呢？”第二曲开始了。悠扬，明净——熟悉的旋律在教室里流淌。

“是什么呢？”

“好熟悉哦，记不得了……”

“急人！”

一片窃窃私语。“明明记得”的一样东西偏偏说不出来的感觉，好难受——小小的心们，痒啊痒啊痒啊。

“《渔舟唱晚》。”一个声音清晰地响起，只有几个人听见。

于是跑回去，拿来刚刚收到的《小学青年教师》和一个小本子。

“李旭冉，这是给你的奖品。本子自己用，书给妈妈看——我知道，你妈妈会读的。”

“为什么？”

“凭什么啊？”

一个个小黑兔似的瞪起眼睛。

“因为，全班，只有他，一人知道——这是，什么音乐。”我一词一顿地说，语调里有挑衅的味道。

“《渔舟唱晚》！我也知道！”几个人不服气地喊起来。

“刚才老师问的时候，怎么没声音啊？喃，‘我也知道’！再说一遍给大家听听？”教师回过脸，笑容可掬地看着嚷嚷的小家伙——小家伙不吭声了。

“谢谢老师！”李旭冉兴高采烈地喊道。

“不用谢。你是我的知音嘛！”

下午复习第三单元一类字。乐声淙淙地流着，和从前一样，在曲子开始的时候，教师写出曲名——没学过的字还给注上拼音。

“《高山流水》。喂，又是《高山流水》。”

“《渔舟唱晚》。这回忘不了了。”

“《广陵散》。广、陵、散？”

“《秦桑曲》。嘻嘻，《秦桑曲》！”

写字的中间，孩子们漫不经心地念着；感觉新奇的时候，间或议论一两句。

一切，尽在有意无意间。

3 月 24 日 / 星期四 晴

“我班家长我有数”

冷晴的天，十分适合读书。

上午第一节与第三节对调——语文测验需要往后拖。

办公室里一片寂然，我有滋有味地嚼着《课程理论》。孙琪先轻轻悄悄地进来了，用更轻悄的声音对我说：“薛老师，唐老师叫你到教室去一趟。”

“怎么了？”释卷，轻轻问。

“就是他，周子善的头，在乒乓球台角上碰破了，出血了。”

“哦。”不动声色去教室。

孩子的头上起了一个小软包，包的顶端破了个小口，流出的血，浸湿了一绺头发——玩闹中，周子善碰在了球台上。没有人能说清楚，当时是谁直接推搡了他。

小唐很紧张，要打电话通知孩子父母，要立刻带孩子去医院。

我说：“看着没什么要紧的，不值得为此耽误课。”

“那不行，毕竟是在课堂上，如果家长……”

“不要紧。我班家长我有数，我说没事就没事。小孩子在一起玩耍，磕磕碰碰是正常的。我来打电话吧。”

“没事哦，老师。我们小孩皮实，我知道，不怨老师的。”孩子母亲的回答如我所料，但还是深为感动。

“金花啊，我想和你商量一下。小孩是现在就去医院呢，还是等上完数学、考完语文再去处理一下？是你们自己带着去呢，还是老师带着去？”

“先上课，没事的。医院就在我们家门口，我们带他去。”

“谢谢你的通情达理。还有一件事，周子善说他天天写日记，可是星期三又没带来，他说是你不让。”

“是的，是的。”

“下周让他带来好吗？我好给他打分啊。小孩子辛苦写了，却没有分数，好委屈。”

“嘿嘿，也是的哦。我知道了。”孩子母亲笑了。

“我班家长我有数”——这话不对，正确的说法应当是：这位家长我有数。但是对于一（2）班家长的总体素质，我还是比较乐观的。

第三单元测验情况：

95—99 分，26 人；

90—94 分，16 人；

80—89 分，7 人；

70—79 分，4 人；

不及格，1 人。

李锋的卷子没有收，带回去由父母逐题地教。下次测验要给他计分了。

需要奖励的同学有四位：

最高分的李德昊（99），进步突出的刘智良（98）、聂大伟（95）、丁雨辰——都是男生——而且绝对不是教师刻意为之。

上次前五名都是女生。李德昊母亲（春天太阳雨）在跟帖中说：“一（2）班的男生总是后发制人，加油哦！”

生活本身的戏剧性和精彩度，超过一切写家的想象。如果不是事实如此，说给我，我都不信。想起上学期我在《给徐会》中写道：“不要急，慢慢来。一抓就灵的，那不是辅导，是吃激素。”

结果，下一次考试，李旭冉就从 70 多分飞到 94 分。很多家长惊呼：“还真吃了激素呀！”

3 月 28 日 / 星期一 晴

发 现

春天来了，刘月辰比从前阳光了许多。

一是读书有声音有表情了，二是不大回头找人说话了。发现了，教师便不遗余力地连续表扬，一心想把这种“阳光状态”巩固下来。

“你的进步，老师看见了，很高兴。前后左右那些个还喜欢交头接耳讲小话的人，都应当向你学习——哼，你们几个，光知道傻笑，都听见了吗？你们要向刘月辰学习！”转脸之间，笑容可掬的教师换了副腔调，朝几个目露艳羡的家伙说道。

几个人吐一吐舌头，刘月辰则开心地笑了。小孩子就是小孩子，一点也不考虑同伴的感受。这也就是说，适用于这个年龄阶段的教育方法，不用白不用。过了这村就没这店儿了，这是我的新发现。

伤没好透，额上的“露天电影”还在放映。从头到尾，刘月辰一直仰着头，专心致志地听我讲，眼里放出喜悦的光，这也是上学期没有的。

她不知道，对于教师，这是多么大的鼓励。

“知道我们一（2）班现在流行什么吗？抄课文！男生女生比着抄，个个发誓抄一本！害得我下课常去提醒他们，拉着他们离开座位出去玩！”

那天在办公室里说起这事，同事们又是惊异又是嫉妒。

“你们一（2）班，净出感人肺腑的事。”

这股时尚源自郭乐，时间还在上学期。这学期，她坚持下来，抄完了一本——也许说“坚持”是对她学习力的低估，我更相信郭乐这样做是出于喜欢——并在不经意间带起一股席卷全班的潮流，这是我没有想到的。

课前，盛建福荣给我一个田字格本，什么话都没有——这也是一个不苟言笑的严肃之人。仔细看过之后，我说：“前面三张是从前写的生字。补上三张，才算抄完一本——那时你再给我，我给你发奖品。”

“嗯。”依旧是面无表情。可是我知道，她的内心已经泛起了温暖的波澜——递来的本子就是证明。

正因为这样做是她自愿的，所以才不能降低标准。五周，我们才写满一本。无人要求的情况下，一年级的孩子，能把抄满一本作为目标努力，本身就是一件了不起的事情。没有巨大的热情和强大的自驱力，不可能完成——这股潮流背后所隐含的东西，作为教师，无法不倍加珍视。

另有同学在抄课外读物里的诗歌、童谣。一直以来，我反对强制学生抄写文句、做读书笔记，因为那样会败坏更珍贵的东西——不求甚解、自在自然的读书之乐。可是今天，当他们自愿抄写的时候，教师是多么高兴！这样的抄，或续或停，教师不必干预。比起任务性质的抄，其对儿童的影响更可观。同理，正是因为是学生自己愿意抄的，对其前景，教师才可能乐观。

需要的时候，我会加以引导的。正如日记，最终要求人人都写了——看情况吧。

从“每日一句”到全班写日记是发源于韩玉琤父亲的来信，“日有所诵”的最低规定萌芽于李德昊父亲的建议，还有文静的郭乐所带起的抄书热。

我又有一个新发现，那就是：同一学习行为，来自个别学生的自发，比来自教师的布置，其感召力更有效、更持久——更少被动性和高不可攀的距离感。

也许是攀比心理在起作用？也许是他们想：都是一样的人，同学能，为何我不能？

最近日记写得不多，因为正读《课程理论》。

“教学不是以具体目标为基础，而是以发现和研究为基础。生存于目标模式之中，追逐着过程模式的理想——游戏于夹缝之间，并且自得其乐，是‘这个社会’和‘这个人’决定了的，我别无选择。”

昨天的读书笔记里，我这样自吹自擂。

如果没有了研究与发现的快乐，这份工作将何以为继？

3月29日 / 星期二 晴

和稀泥

那天，一（1）班的严老师说："门卫马师傅都夸你们班小孩，说他们特别会打扫。"

"是的。哪里有不足，比方座位太靠前，比方黑板没擦净，比方洁具没有放整齐——只消说一声，次日立刻改观！我可佩服他们啦！"

每天早上我都检查，打扫好的就明文表扬。今天早操回来，昨天的值日生必定欢呼起来，因为黑板上工工整整地写着："表扬周一值日的同学！"

就在昨天，王方波、王新宇一边斗嘴一边来到办公室。

"老师，他拿湿抹布往我头上扔。"

"是你先扔我的！"

"你先！"

"你先！"

关了办公室门，等他俩说累了，教师弯下腰，笑容可掬地问："现在，我不想追查是谁先扔的。现在，我只想听见有人主动跟对方说对不起——谁先？”

“我先！”王新宇反应快了一步。

“说吧。”教师侧起期待的耳朵。

“对不起！”

“我也不好——对不起！”那一个显然不甘示弱。

“可以结束了吗？”

“可以。”

“接着干活去吧！”

“耶——”欢呼一声，两人蹦跳而去。

3 月 30 日 / 星期三 晴转阴

真正的儿子

上午，儿子去第一人民医院做钡餐——四个月以来，这是第五次瞧病了。

中午，孩子父亲告知检查结果：“胃炎，根源在于紧张疲劳。很多高中生都这样。高考一过，不治而愈。”

燕说得对，“你以为你不给他压力，他就真没有压力了吗？好孩子是会给自己施加压力、设定目标的”。

几乎声色俱厉地，燕还说：对于“真正的母亲”而言，聊可宽慰的原因，不该在于儿子的省心，而是在于——他是你的——“真正的儿子”。

作为生命个体，带着在艰辛与快乐中渐渐习得的“社会化”品性，儿子正越来越顽强地走向独立。

也许从前的我，算不上真正的母亲。燕的话让我如梦方醒。

现在，我能做些什么呢？

只能在这样难得的空隙里，对着灰色的天空，惦记、牵挂；等他放学归来，在他学习的间隙，跟他散步聊天而已。

3 月 31 日 / 星期四 晴

“春”高气爽的清晨

“春”高气爽的清晨，儿子吃过饭整装上学。出门之际，他伸出两根漂亮的手指，朝我的嘴摇一摇，轻轻送出母亲每早必念的口头禅：“安全！”

于是，母子都笑了。

关门，去北阳台。“呼啦”，窗子打开的时候，儿子刚出楼道，听见声音，再招一招手，然后大步流星而去，留下做娘的，望着儿子宽阔挺拔的后背，兀自发呆。

许是因为儿子病情确诊了吧，今天早上心情特别好。

这么好的状态，按部就班太可惜了。我给他们讲故事吧——这个念头已经起了好几日了。

虽然玫瑰的叙述和文字，已经为我打足了预防针，可是《夏洛的网》还是让我感动得一塌糊涂——玫瑰那篇读后感的题目叫《我就是小猪威尔伯》。

儿子读了也说好。几回散步，我们老说“威伯猪”。

不巧的是，张思凡和王艺伟一对同座都生病了——只好作罢。

张思凡，文静得近乎木讷。为此，前天上午放学了，我让他靠后墙站着读书给我听。“很流利很响亮啊，为什么上课不发声呢？”我问。

“这孩子胆子太小了。”他奶奶说。

我笑了：“老师再三要他发声，他还是我行我素、不动声色，这叫胆子小吗？”

第一节课上到快一半的时候，张思凡来了。读书依然嘴唇似动非动，声音呢，根本没有。但这次我没说他，一则“冰冻三尺，非一日之寒”，也非一日之曝可以融解；二则，人家孩子不舒服呢。慢慢来吧，一方面尽力而为，一方面适可而止。

至于故事，等第四单元测验结束再说吧。

4月 *April*

音乐无法表达的时候，风便飚起来

4 月 4 日 / 星期一 晴

好朋友

品德课，学习《你了解你的好朋友吗》。

“同学们，你了解你的好朋友吗？”教师问。

“嗯，姚剑强，嗯，看见什么好东西，嗯，就让他爷爷买！”李旭冉说。

“李旭冉！”姚剑强“腾”地站起来，“李旭冉爱吹牛，看见我有什么，就说他也有。看见我的风筝飞得高，就说他的飞得比我的还高。结果，他的风筝挂到树上下不来了！”

“还有，”我补充道，“李旭冉说话喜欢‘嗯嗯啊啊’

的，老被老师批评。觉得委屈的时候，说话就带哭腔。”

“妈妈说，我的眼泪是自来水！”李旭冉说。

“一（1）班的虞安琪是我的好朋友。虞安琪是个小女孩，可是她喜欢玩男孩的游戏。”常睿琪告诉大家。

说完了，我让孩子们念插图边上的一句话。

“给，这是你喜欢吃的！”孩子们兴致勃勃地念道。

“老师有个好朋友在北京，也是教语文的，几乎天天和我通电话。你们猜猜，老师的那位朋友和薛老师打电话的时候，最喜欢干什么？”

“我知道！”姚剑强喊起来，“她一打电话就吃东西！”

“对啦，100 分！苹果、大枣、黄瓜、花生，逮啥吃啥，吭哧吭哧的，吃得那叫个香。姚剑强，你怎么知道的？”

“因为——‘给，这是你喜欢吃的！’，刚刚念过这一句，老师你就问我们。答案肯定是她喜欢吃东西！”

我心里一惊，同时恍然大悟。在孩子的指点之下，我看见了自己的意识流。要不，怎么会莫名其妙问这个呢？

“我们爱自己的朋友，我们肯定会留心朋友的爱好和变化。你们都是老师的好朋友，今天早自习，一进教室老师就知道，这个周末，我们班上有六个男生理发了，对不对？——你们几个站起来吧。”

鲍秉轩、朱紫晖、周子善、李旭冉、邢虎威、李智炫——

面面相觑地站将起来。

“一，二，三，四，五，六——真是六个！”孩子们点着数，情不自禁地惊呼起来。

不无得意地，教师笑了。

“春天到了，天气暖了，理个短发真精神！看着他们几个，老师想起了自己孩子小时候的样子。那时候，你们知道我喊他什么吗？”

“小不点儿！”

“宝宝！”

“小乖乖！”

“大头儿子！”

“不。我喊他——洋花萝卜！看一看，像不像？”

“像！”

4 月 5 日 / 星期二 晴

这样的天气里

闷热风大，灰沙纷起。大人小孩个个看起来首如飞蓬，心烦意乱。

在这样的天气里，孩子学习很不在状态。讲卷子的时候，懂得的、不懂得的，都闭着眼睛嚷嚷，嘴角挂着坏坏的笑，好像齐心协力要把教师气昏。

与天硬斗，是没有好结果的。在这样的天气里，教师更要心平气和。

“不要喊。”“要发言的，先举手。”“听老师说，好不好？”——加上点名。维持秩序是非做不可的。语速特意地慢，腔调特意地拖。

在这样的天气里，教师自己也是鼓足了干劲、强打起精神，才堆起笑容走进教室的，又有什么可以责怪学生的呢？

在这样的天气里，组织学习如同组织一场攻坚战。作为指挥员的教师，首先不能乱了方寸。急躁和愤怒，恰是丧失信心的表现——这种显示着软弱、预兆着溃败的情绪，是会传染的，正如平静镇定也可以传染。

所以，一堂课下来，虽然累比平常多几分，可是该完成的任务都完成了。下课的铃声响起，舒一口气，走出教室，真有攻城拔寨后的疲惫和自豪。困难，是学生成长的机遇——教师也一样。

“看书，我们一起读。《咏鹅》——鹅，鹅，鹅……”

“薛老师，这首诗，我会另外读了。”李旭冉喊起来。

我假装没有听见。一节课里，如此这般地装聋作哑，已是第 N 次啦。

“《咏鹅》——鹅，鹅，鹅……”一片有气无力的童声。

“我会不一样的读法！”有气无力的背景下，清脆响亮的一声叫，显得格外执拗和不容忽视。很多人停下来，转过头去。

看来，他是太想表演“不一样的读法”了。虽然方式欠妥，可是毕竟也在学习范围之内，于是我问：“什么叫不一样的读法？”

“就是不用我们国家的话。”

“是用英语吗？”

“不是，是一种外国读法。”

“那你就念吧。”

这孩子高兴了，清一清嗓子，正襟危坐——因为兴奋，居然忘了站起来。全班人，包括教师，都饶有兴趣地竖起了耳朵。难得的安静中，我们听见了“外国读法”：

鹅，鹅，鹅，
渠项向甜割。
白帽辅绿谁？
红掌勃情勃！

“哈哈哈哈，这是土话。”

“鹅，鹅，鹅，渠项向甜割……我也会！”

又一阵乱。让他们的兴奋点发生转移的，是黑板上的两个字：方言。

在这样的天气里，照样可以收获到快乐的果实。心平气和，则是旱涝保收的一方沃土。

4 月 6 日 / 星期三 晴

在同一条路上

必定是上周的奖励措施发生效果了，今天的读书课上，要求读日记的人很多。教师随机应变，改全部读完再评议为两组一评。

最后拿到练习本的是李德昊和张悦媛——两篇日记，已然是有模有样的记叙短文了。当然，他俩的最终脱颖而出，也说明同学们的眼光不错。

李想的《我在走，月亮、星星跟着走》虽短，却很有趣。

之后是自由阅读。

第三节，先放音乐："这是因为，在上节课的读书时间里，有两个同学读得特别好，是真正的专心致志、津津有味，连下课的铃声都没有听见啊。音乐是给他们的奖品，你们跟着沾光啦。你们应当感谢他们，并向他们学习。他们就是—— 高陈、晏楚芸！"

《高山流水》之后，教室里一片古典的安静。教师轻轻地问："还听吗？"

"还听！"半醉的、充满期待的声音，轻轻地回答。

于是我们接着听。

之后的学习，状态灵醒，精力充沛。

我们走在同一条路上。

日不间断地，学生读，学生写。日不间断地，教师读，教师写。

开始读刘云杉的《学校生活社会学》。很费劲，也很带劲。接受《通往奴役之路》的教训，我告诉自己：不要着急，慢慢来；啃完一本是一本。

关于《学校生活社会学》，萧玲说：一位大学教师声称只愿看楷体标识的故事，其他内容则一带而过——嫌艰深了。

我不一样。我是故事一带而过，却在艰深的地方来回用力。

相信读完这本，我的视野会更开阔，看学生的目光也会更宽容、更理解。

变“受教育者”为“学习者”——这是作者孜孜以求的目标，是我永不能到达的乌托邦。但在有生之年，能尽量接近那个目标，或者说，在艰辛烦琐的工作之中，竟然还有一个作为人的以人为目的的理想在，无论如何，都是一件值得高兴的事。用作者的话说，这说明我没有被饭碗异化，工作之于我，是劳苦与幸福同在的“生活”，而非仅仅是谋求“生存”的手段。

萧玲还说本月见面，再带书给我。——天！

怕累，想拒绝，可又舍不得不花钱的秋风买卖。

4 月 7 日 / 星期四 晴

收 成

第四单元测验情况：

95 以上，15 人；

90—94 分，14 人；

80—89 分，15 人；

70—79 分，7 人；

60—69 分，2 人；

不及格，1 人。

最高分 98 分，有 3 人：方子妍、李宋杰、张悦媛。

高陈、晏楚芸这对模范同桌，一个 97 分，一个 96 分——可喜可贺！

每次考试都让我担心的王艺伟、江业雯，分别为 91 分、95 分。

李锋 70 分——及格了，我很为他高兴。

王涛卷面分数是 54 分，但是孩子的字写得干净、漂亮，让人怜惜不已，于是给他加了 6 分。

学习是一辈子的事情。尤其是对那些学习比较吃力的孩子而言，态度永远比分数更重要，态度应当比分数更能决定教师的褒贬判断。

说到底，分数不过是手段而已。一切服从于学生的发展，我的地盘我做主。

4月8日 / 星期五 晴

无 题

星期五下午，一周里唯一没有课的半天。

疲倦如滚滚洪流，淹没了我。在家，在校，只要不是面对学生，说话便气如游丝。

明天全市高考“二模”，对此，我一点“感觉”都没有。

想起儿子，眼前立刻浮现的，是他脸色苍白、瘦骨嶙峋的样子。他一米七多的个子，一百二十斤的体重。他低头时，颈椎处关节突出，真个如硕大的算盘珠，摸上去，硌得人从手到心疼痛难当。

过早的搏杀，残酷的青春。无助的孩子，无为的母亲。

4月9日 / 星期六 雨

苏醒

风雨交加，儿子赴三中考试。

车窗开着，车座都是水。站着的儿子灌了满肚的冷风，腹痛难当，半道下车上厕所。雨横风狂中，出租汽车太紧俏，好不容易拦住一辆，又被别人抢了先。儿子说："我是高三学生，今天二模，再迟就不能进考场了。谢谢您，让我一回吧。"人家起了恻隐之心。

他奔命一样跑进考场，深呼吸了将近10分钟，才定下心来做题。

这是上午的情况。

下午考数学，他最先是被一道难题难住了，最后是把一道简单的题目想复杂了。"最多125分。完蛋，强项成缺口了。"吃饭的时候，儿子沮丧得要哭。

然后，他又自己分析道："想来想去，还是练习少了。平时从容不迫能做出来的题目，到了密度高、时间紧的特殊状态下，全然不能正常应对，净犯低级错误。一出考场，什么都知道，什么都晚了。妈妈，剩下的50多天里，你一定要督促我抓紧时间，埋头苦干。状态不好，也要咬牙切齿地干。”

“儿子啊，妈妈恐怕做不到。”我说，心里有万般的难过。

“儿子，我们都要从中考的辉煌里苏醒过来了。读初三的时候，从家到校几分钟，运动、学习、娱乐，我们把一切安排得适宜、紧凑——时间算得精确到分。还记得吗，比起班上同时考进一中的其他同学，数理化和外语，你的练习量是他们的三四倍。全市第21名，不是超常发挥，是你应得的报酬。因为我们原本就不是那种天资聪颖的超常儿。

“可是现在情况不一样了，三年当中，每天路上奔波两个小时，加上你兴趣广泛，什么活动都舍不得做旁观者，精力只有80%用在学习上，再加上五个来月的胃炎折磨——你想啊，如果你还能在班上占据着进校时的名次，那么对于那些租房的家长、废寝忘食的同学来说，岂不是天道不公？”

“这样想来，二模还是有收获的。它让我看清了自己。”

“不要后悔从前没有全力以赴，也不要抱怨我们没有租房子。在妈妈眼里，学习是生活的一部分，再重要，也不能覆盖了生活的全部。上次，我们一起去环城公园，你不无得意地指点着告诉我，这里那里的小区，你都去过——三年当中，你到过很多同学家做客。这很好啊！这说明白热化的学习当中，你的心灵还拥有空隙——而空隙，是灵性与快乐的源泉。

“还有，每天来回乘车，也是一种重要的历练和成长，其间的收获，不是用分数可以衡量和兑换的，对不对？反正，我是一点也不后悔没有给你租房。第一身心健康，第二勤勉正直，第三有独立能力，第四成绩优秀——这是妈妈的信念，可不是说说而已的。”

“我知道。我同意。”

4 月 10 日 / 星期日 阴

欣 慰

儿子上午考“理综”，情况不好。

“全考场，几乎都没做完。我做完了——但是错了！考试中所能想象的糟糕情况，我全演绎了！妈妈啊，我对高考，几乎失去信心了。”

“滚！不想听见这样的话。全国那么多大学，你对哪所失去了信心？学习是一辈子的事情，凭什么，你把信心全部系在特定的学校上！”

儿子知道错了，赶紧换个轻松的话题逗我高兴。

下午考英语，4:30 结束，一直到晚上 7:30，他才回来。暮色渐浓的时刻里，做母亲的急坏了。

少不了又是一通恶训。

“考试结束，和几个郁闷的家伙回学校打篮球了。”

很是欣慰。

4 月 11 日 / 星期一 阴雨

一样的母亲心

中午，潦草吃过——睡去。

醒来，已是 13:30，可是还想睡——可是必须起来，下午第一节就是我的课。

想起昨天的对话。

“儿子，如果我们和初三时候一样，你学习，我读书，我们同时睡，那么，你晚上的劲头是否会足一些呢？”

“没什么差别，你歇你的吧。”

“如果你需要，我可以陪你的。也不是陪——原本，我就是要读书的。”

“不用。不用。”

也许儿子也知道——母亲只是说说而已。熬夜，我是真的不行了。每夜，只能留儿子在枯燥疲惫里独自鏖战了。

唉！

早自习，给孩子们讲《夏洛的网》。因为时间关系，也只能说个故事梗概。

下午，李玉琢母亲来校。上次测验，李玉琢的成绩是61分。我分析了原因，也教了一些方法，面目清秀、神态疲倦的她感激而去。两女一男，她是三个孩子的母亲；开着包子店，他们夫妇终日劳碌。两个女儿都在我们学校读书，每学期，光借读费就是1 000元。他们多么想孩子学习好啊，可是无论是时间还是能力，他们都无法跟作为职工的家长比。

一再地，李玉琢的母亲拜托我，感谢我。可是现在的娃娃，学习竞争早就延伸到了课外。下课之后，老师还能做什么呢？

她想做的，又哪里有时间、能力做到呢？

唉。

下周星期四、星期五，期中考试。

4月12日 / 星期二 晴

雨之后，满眼嫩红、娇黄、青绿，一派生机，一派滋润如酥。不冷不热，孩子们的状态十分灵醒，这是春天里难得的好季候，这是舍不得虚掷的读书时光。

第五单元集中识字，因为没有朗读、讲解需要做，进展得很快——我上课一向是上半学期抓得很紧，到下半学期就从容很多。

本周四下午，单元测验，复习个两三天，再期中考试。

4 月 13 日 / 星期三 晴

亮堂堂暖洋洋

昨晚散步才从家长那里知道：上周布置的儿歌背诵，不是第 350 页到第 365 页的 15 首，而是第 340 页到第 365 页的 25 首！

当时，在一片欢呼声中，孩子们照着黑板上的样子，在书最末的一页写上“胜利完成”。

“多是多了点，不过他都背完了。”她说，“周子善都能全部背下！现在，他正在家里温习呢。”我们的家长，对我可是真宽容。

“看看你啊，什么老师，简直是残害儿童！”清风明月之下，儿子毫不留情地责备我——太煞风景。

“好在本周学的都是识字，课文没有要背的——这样的意外，也算是一次出其不意的挑战吧。不能完成的，教师自是不能责备；那完成了的，有多么了不起！这是真正的应变和应急能力啊，循序渐进与不知不觉之中增长了的理解和记忆能力，不是因为教师昏了头，哪有机会展示？这就好比二郎打虎，不是冒冒失失上了景阳冈，哪里有机会一搏成名？”

读书课上，读过一遍——就算过关。为难他们，就是为难自己哦。什么“胜利完成”，简直是贪得无厌！

放学了，几个动作慢的孩子还在做《基础训练》。

聂大伟收拾了书包要走，我兴致突发：“25 首都会背吗？”

“会！”

“妈妈查的吗？”他告诉过我：爸爸回家只管睡觉，学习妈妈管。

“不是。我一个人背的。我自己，一首一首地复习，一直背到天黑。八点了，妈妈都回家来了，我还没背完。妈妈很累，没有听。我吃过晚饭，接着背。”

心里一阵热。

“背《三条鱼》给老师听，好吗？”

“好！”孩子提了提书包带子，站到我的跟前。

一条鱼，水里游。孤孤单单多忧愁。
两条鱼，水里游。摇摇尾巴点点头。
三条鱼，水里游。快快活活笑开口。
许多鱼，水里游。大家都是好朋友。

“真好！我还想听哦。来，《太阳》！”

太阳光，亮堂堂，它的用处不寻常。

叶儿不晒不能绿，花儿不晒不能香。

果儿不晒不能熟，苗儿不晒不能长。

被窝也要经常晒，太阳晒了暖洋洋！

和煦的阳光照进来，带着雨后沁人心脾的清新，照在孩子的身上——映透教师的心田。真个是“亮堂堂”“暖洋洋”啊！此时此刻，太阳正是这孩子！

“《老鼠窝》！”然后，教师和他，和一边听的韩玉琤一起背了起来。因我只听他们念过一遍，所以错了好几处——所以他们不止一次地笑我。

外公闲着没事做，

东西净往家里拖。

乱七八糟一大堆。

屋子变成老鼠窝！

“哈哈哈哈……”

“来！”齐笑之后，我招一招手。男孩走得更近，温煦而快乐地笑着，眼睛亮亮地看着教师。

我伸出手，摸着孩子微黑的肉脸，我自言自语般地跟他说：“聂大伟啊，你的爸妈好辛苦，你这孩子真懂事。我知道，你家里没有电脑，你的父母不会上网。可是啊，老师在日记里常常写到你——他们呢，也常常读到你的故事、你的进步。你知道吗？”

“知……哦，我……不知道！”他两眼眯成一条缝，笑得几乎醉了。韩玉琤心领神会，在一边轻轻拍手——她是常上网的。

“儿歌最后一页写的什么？”

“胜利完成——耶！”站着听、坐着写的一齐喊。

“谢谢你啊，聂大伟。因为你，老师觉得，我们真的‘胜利完成’了。像你这样的孩子，老师有多么喜欢啊！你知道吗？”

“嘿嘿！”男孩笑出声来。

教师的话，他可能似懂非懂。但有一条，他必定早就深切地感受到了。那就是：“像你这样的孩子，老师有多么喜欢啊！”

“亮堂堂”“暖洋洋”——确信自己被喜爱的感觉，也许就是如此吧。

4 月 14 日 / 星期四 晴

吾道不孤

晴朗明净，不冷不热，多么舒服的春天！

不止一个家长问："老师，我们小孩下一本背什么？"

上周五，高尚问："老师，我妈妈明天进市里，让我问问薛老师，再买一本什么儿歌给我背。"

高兴！

期中考试结束之后，"做"《儿童诗歌 100 首》。

诗歌有异于童谣，语感颇不一样。读和背，都需要一个转弯的过程，所以准备让他们每周背 6 首，第 7 天集中温习。因为是自编自印的本子，没有注音——还要先带着孩子注音、读顺——8 周以来，进度抓得特紧，也是为了让孩子在夏天里，能从教材学习之外，匀出精力和时间来念诗歌。

扬州徐冬梅及其率领的"亲近母语"课题组，对于儿童阅读经营有年。和《台湾童谣》《夏洛的网》《时代广场的蟋蟀》一起寄给我的，还有"亲近母语"二年级诵本、读本。背完儿歌，就让孩子们背那个。

天对地，室对家。落日对流霞。

黄莺对翠鸟，甜菜对苦瓜。

狗尾草，鸡冠花。

白鹭对乌鸦。

村前种果树，塘里养鱼虾。

有时三点两点雨，到处十枝五枝花。

这是二年级的对子歌，多么有趣！只要想象学生摇头晃脑送出他们的声音，我就觉得特别开心。

然而，老师、孩子和家长，一伙人齐了心、咬咬牙，拿下也就拿下了。流年似水，少年易老，不学何为啊！

所有这些，毕竟是分外之事。在这里，一个人做，很需要经常给自己打气，也很需要多和外面的同道交流，彼此汲取力量，交流经验。

所幸者，吾道不孤。

4 月 17 日 / 星期日 晴

倒不是为了抓分

昨天晚上，19:30 到家，十分疲倦。稍事休息之后，顶着睡意，改出了试卷。

第五单元测验情况汇总：

95—98 分，15 人。常睿琪、李宋杰、李旭冉、李德昊 98 分，施淑静 97 分，王艺伟 95 分，尤其令我高兴。

90—94 分，18 人。李玉琢 93 分，进步突出；宋振亚 94 分，则是回升。两次成绩不佳之后，李玉琢母亲来校，宋振亚母亲来信。这背后藏着的，是她们对孩子学习出现下滑苗头时的急切心情及行动。

80—89 分，17 人。李玉雯 88 分，让我欣慰感动。小孩子考试的时候不免“互相帮助”，她和周子善同桌，这个 88 分，100% 是她自己的劳动成果。小姑娘反应不是太快，然而在我这里，学得兴致勃勃，因我从来没有因为考试和作业的不好而责备过她。对她一点一滴的收获，我都及时地给予肯定和鼓励。

70—79 分，2 人。

60—69 分，2 人。

另外，星期四上午，李旭冉母亲告诉我："明天就要考试了，我们好紧张哦。昨晚上一气儿给他做了三张卷子。第一张没有感觉，后来一张比一张好。一直做到十点钟！他爸爸都佩服他，说不得了，我们李旭冉现在真的很有定性了。"当时我说："做和不做，当然不一样。但是我不希望把孩子弄得这样紧张，如果伤害了他的学习兴趣，损失就大了。"

现在想来，这话固然不错，然而，孩子和孩子是不同的。就说如何保有学习兴趣吧，对于有些学生来说，可能需要教育者的精心呵护；对于有些孩子（尤其是他们的家长）来说，学习兴趣则要靠优秀成绩所带来的自豪感和成就感来支撑。

再说李宋杰。上学期，他的母亲"找"到我："薛老师，我要问问你，你的信我们都来回学习、认真执行了，可是孩子的考试分数老上不去，这是为什么？"我说："比分数更重要的，是孩子的读书兴趣。照我的建议去做，孩子得到的是能力和内修的来自根部的培植。我们现在做的，主要是服务于孩子将来的发展，倒不是为了抓分。"这两次考试，李宋杰都是第一。可是我仍然希望他的母亲对于孩子的分数有一个平和的心态。

4 月 18 日 / 星期一 晴

如花似玉

焦头烂额的一天。

校服登记、交费；麻疹、风疹、腮腺炎免疫情况摸底和接种登记；试卷分析；第一单元生字复习；三个学生音乐课不上，教室里丢了东西——破案；就接种和案件情况和家长电话联系……

如果没有小唐帮忙，估计我要糊了。

昨天的电话里，萧玲说："我所蹲的那个点，学生优劣不等，班级问题多多，相对来说，更普通，更具代表性。不像你的孩子，个个如花似玉。"

电话的这一头，我无声地笑了——有些微的苦涩。

一样劳顿的职业，一样平凡的人，暗淡的平常岁月里，谁没有郁闷、倦怠、灰心和沮丧？所不同者在于我知道：诉苦没有用，抱怨没有用，自己的事情除了自己担当，没有别的去处。

朋友都以为我的孩子如花似玉，那是因为——每天，我这样告诉自己："他们是最好的，因为他们是我的孩子。"

朋友都以为我的孩子如花似玉，那是因为——劳碌的日子里，我唯愿记录的，是这些闪亮的瞬间——靠了这些光亮和温暖，我才能相对平和、愉悦地做到今天。

下午的思品课上，张思凡举手发言了。在我的课堂上，这是他入学以来的第一次，真让我喜出望外。

张思凡的奶奶每天在校门口等着接孩子。我对她说："你听啊，我的嗓子多哑。可是我很开心，因为张思凡，你的孙子，他在我的课堂上——终于开金口了。让我们共同努力，让孩子变得阳光、开朗起来。对他来说，这是比学习更重要的大事啊！"

做奶奶的强烈同意，教师于是信心满满。

呵呵，如花似玉的班级，如花似玉的学生，如花似玉的张思凡——如花似玉的薛老师。

只要我努力，劳碌的日子里，定能开出花来。

4 月 19 日 / 星期二 雨

“就当薛老师是奶奶！”

“就当薛老师是奶奶！”

昨天，从张思凡奶奶那里知道了张思凡过于内向的原因，同时也知道了为使孙子开朗起来，做奶奶的心机用尽。“你跟奶奶说话怎么不害怕呢？其实啊，薛老师跟奶奶一样喜欢你。这样吧，就当薛老师是你奶奶！”

“就当薛老师是你奶奶！”

这个办法实在是好。虽然，离抱孙子还有年头，可是只要学生高兴，我不介意提前当奶奶。

早读的时候，我假装不经意地，目光一再撩过张思凡。一旦相遇，孩子不是立刻垂下眼睑，而是欢悦地和我笑眼相对——多么好！

下课了，奶奶远远冒雨跑来。身后传来亲切的鼓励：“好！就这样！大胆！勇敢！保持！要举手！要发言！”

放学了，动作稍慢的孩子，陆续让我检查作业。

“张思凡，愿意跟老师说话吗？”

"愿意！"

小小的他挺胸答道，声音之脆，让我吃惊不小。孩子目光灼灼，其间燃烧的，是深藏着的对于交流的渴望。一向木讷、近乎沉郁的张思凡啊，你不知道，这一刻，你的样子——多么阳光，多么漂亮！

我心头一热，顺手将他揽到怀里，摸着他小小的脑袋说："张思凡，张思凡愿意跟我说话耶。这太让薛老师高兴了！"孩子开心地笑着，张开的双臂，极自然地环住了我的腰。一旁看见的同学，都笑了。

张思凡将要出门，我又喊："张思凡，来，我们说说话！"

孩子背着书包来了。到近前，他再次张开双臂——我知道，在潜意识里，他想干什么，就再次揽住他，再次让他的臂环住我："告诉老师，你和谁最亲？"

"薛老师。"

"不。是奶奶。"

"嗯。奶奶。"

"除了奶奶，还有谁最亲？"

"薛老师。"

"不，是爸爸、妈妈。"

"不！就是薛老师！"他看着我，肯定地回答。看来，奶奶的妙计起作用了——他真的当我是奶奶了。

“哈哈哈哈，谢谢张思凡。薛老师太幸福了！”

兔儿一样地，张思凡欢蹦着冲出教室。在操场的中间，祖孙相遇；在春雨的中间，一老一小站在原地，激动不已地一边比画，一边大声说着什么。

看着孩子瘦小的背影，蓦地，眼泪漫将上来。

在一边等着的项文静，有些诧异地看着我。

4月20日 / 星期三 晴

贪得无厌

早自习。

“今天，我要给一位同学发奖。为什么呢？”随着老师手在衣袋里的摸索，孩子们的目光偏离了方向——同时，他们侧耳倾听。

“因为，这个同学以前从来不举手，最近，他大声发言了。”

“张思凡！”

所有的小手，一齐戳向四组二排——那阵势，好像在开批斗会。

“这是枇杷糖。是老师的朋友从河南买的，趁出差的机会送到北京，又由北京的朋友带到江西——当时老师也去了江西，然后才拿到的。这可是润嗓子的好东西，不是药。看，多么漂亮的盒子啊！张思凡，我给你两颗，希望在课堂上，多多听见你响亮的发言；希望在课间，多多听见你快乐的笑声！同时老师也希望其他不爱发言的同学，比如化雪纯啊、丁若琳啊、秦本顺啊、张芫玲啊、刘智良啊、盛建福荣啊，还有胡婧怡……都能在课堂上积极发言。当然，另外也有些同学在课堂上又过分热爱讲话了，成天交头接耳、叽叽喳喳，那叫不遵守纪律！老师希望他们能管住自己的嘴巴——否则，影响上课，给我站墙角！”

随着说话内容的转向，小家伙们改变着表情，从兴奋到羡慕到面面相觑到最后——几个“做贼心虚”的家伙，低头吐了吐舌头。

很明显，教师的话，他们听懂了。

韩玉琤递来一封信，是她父亲写来的。信的大意是孩子日记水平提高不快，所读不能转化为笔下的语言，他很焦急——同时还让我帮助批改女儿的作文。

于是给她父亲打电话：“你们中午不在家，韩玉琤自己照料自己，对不对？晚上，她经常写日记到十点，写不好不准睡觉，对不对？你知道吗？我常和孩子聊天，我从内心深处佩服她。当年，我的孩子可没有她能干！

“十分理解你的心情，正因为我们的目标是一样的，所以，即便你不来信，我也准备跟你谈：像你这么性急，这么实用主义，韩玉琤是很难提高书面表达能力的。因为对于小孩子来说，只有在好玩、没有负担的阅读中，书和文章里的养料才能被愉快吸收，自然地转化为她所拥有的东西。急功近利最大的损失就在于：孩子可能渐渐不喜欢读书了。

“你知道吗？韩玉琤的日记已经相当于二年级水平了，我的儿子是从二年级下学期才开始写日记的——急什么呀你，完全没有必要让她写作文！（‘不是我们让她写的，是她中午没事的时候，自己写的。’韩父解释）我们班写日记，实实在在是从家长和学生那里自发开始的——已经超越一般情况了。

“作为教师，我比你更了解孩子应有的水平和为提高水平所应该采取的办法。所以，关于日记，我从来不提过高要求，写得好的自当表扬，写得差的从不批评。因为兴趣才是第一重要的。丧失了兴趣，就好比断了水源——你怎么能希望在越来越干的塘里，养出越来越大的鱼？”

电话里，韩师傅初而将信将疑，继而连声赞同，表示今后要适当放宽要求。

施俊瑞 A、B 卷没有完成，中午带回去补做。我让施淑静告诉他的父亲。下午我问施俊瑞：“爸爸知道了吗？”

“知道了。”

“批评你了吗？”

“没有。”

“什么？！知道你不完成作业，爸爸什么都没有说吗？”

“是的，我爸爸什么都没有说。”黑黑的肉脸，满是诚实。

哈哈，这也是家长！

然后我再问张思凡：“糖果好吃吗？”

“好吃！”灿烂的笑容像一朵花。

“奶奶也吃了吗？”

“嗯！我奶奶也吃了。”

希望不爱说话的开口，希望酷爱说话的慎于言，希望要求过高的家长放松，希望甩手的家长尽到责任。

教师啊，你可谓贪得无厌！

4 月 21 日 / 星期四 晴

难得的清闲

期中考试，上午考数学，下午学生不来——难得的清闲。在办公室里写《学校生活社会学》的读书心得。

4月22日 / 星期五 阴

期中测验

情况汇总：

95—99分，21人。最高分为江业雯、李德昊、施淑静。江业雯很要强——要强要在了功课上，所以成绩提高很快；李德昊母亲去上海工作了，父亲进修学习，经常不回家，是爷爷奶奶照顾他的生活，这样的成绩充分体现了孩子高度的学习自觉性及对知识的热爱；从这两次测验和平时的课堂表现看，施淑静已经跻身"第一军团"，她的异军突起对于其他借读生、对于全班同学都是很大的激励。本学期以来，每次测验的"尖子"都有变动，这是好事情，说明大家你追我赶，说明集体充满活力。

90—94分，21人。

80—89分，9人。李锋已经进入这个档次，从二、三两个单元的三四十分，到第四单元的60多分、第五单元的70多分，再到现在的80多分，这个"新同学"可谓来势凶猛，发展空间很大——每和他父亲每谈一次，孩子都有一大截的提高。

60—79 分，4 人。两人卷面工整书写规范加 1 分，一人反之减 1 分——是个象征性的奖惩，相信能起到作用。

下午去一中开家长会。我发现，老师们都比上次疲倦憔悴了许多——想起儿子经常念叨的话：“妈妈，我们老师好辛苦，压力大，课又多。每月几千块钱，真是来之不易！”

化学老师问大家有什么要求，有人希望老师经常把卷子收上去检查，否则孩子不做。很多人都笑了：高三了，还要这样盯，即便上了大学，迟早也要撂荒。“我争取满足大家的要求。”老师和蔼地答应着。所有到场的老师，我都道了声：“谢谢老师。”

4 月 27 日 / 星期三 晴

艰难的开张

初夏了，人很容易疲倦。

今天开始背诵《儿童诗歌 100 首》。

我让孩子们在封面写上“每天一首，每周读书课检查。家长在读书课前一天签字‘会背’”。孩子们拿了新书，总要回去向家长炫耀的，这就算把检查督促的任务布置给了家长。

由于五一长假，下次的读书课要到 5 月 10 日才上，到那天，该背的数目是 14 首。

一个早自习，两节语文课，又是注音，又是带读；一会儿鼓励读得好的，一会儿斥责倦怠的，扯着嗓子叫唤——教师和学生都辛苦。

但既然是定了的任务，就一定要完成——学会咬紧牙关，这也是人生的重要课程。

5 月 10 日之后，每周 7 首，初读和疏通就容易、轻松多了。

“这事该由你决定”

“‘闪’，会写吗？”

“会。一写门字框，二写一个‘人’！”

“老师请一个同学帮忙，把这个字表演出来，好不好？”

“咦？”

一片惊讶中，晏楚芸被我牵出教室。面授机宜之后，我再进屋：“注意了，看这里！”随着教师手指的方向，所有的人目不转睛地盯着虚掩的木门，张大了嘴巴。

“咚！咚！咚！”三声敲门。

“啊！”他们轻呼。

“咚！咚！咚！”

“哦！”他们会心地笑了。

“同学们，晏楚芸怎么了？”

“在门口走来走去。”

“跑来跑去！”

“不！”一片强烈的反对声，“闪！晏楚芸闪来闪去——在门口！”

“想不想再演一次？”

“我！”

“我！”

“我！”

“老师，老师，唐雅馨哭了！”

“我不是有意打的，我不小心……”唐雅馨的哭声和高尚尴尬的解释响在一起。

“谁叫你不小心的？下课站五分钟——秦本顺，你来。我们再看！”

所有人的注意力，立刻又被吸引过去。横竖几把，唐雅馨迅速将眼泪擦干——盯着门口。

十几分钟后，《基础训练》都写完了。孩子们各自读书。我来到唐雅馨跟前：“他太想表演了，举手的动作太猛，把你的头撞痛了，是吗？”

“是的。”

“怎么处理高尚呢？老师觉得，这事该由你决定。如果你原谅他呢，他就不用站了；如果你不原谅呢，他就还要站——你说呢？”

“我……我原谅。”

交谈中，高尚一直紧张地听着，其他同学也在侧耳听着。

“老师谢谢你的勇敢和宽容，大家都要向你学习。高尚，你该说什么？”

“对不起，唐雅馨，谢谢唐雅馨。以后，我一定小心。”

“没关系，不疼了。”

4 月 28 日 / 星期四 晴

不信诗意熏不来

“儿童诗歌记得背了吗？”

“记——得！”

“谁来背给我听？”

面面相觑，只有几个人举手。

“郭乐。”

冬　天

马云超

大地的脸又脏又黑，

落叶给她洗脸搓坏了指头。

落叶不干了，

换成白雪给大地洗脸，

白雪的手冻在大地的脸上拿不下来了。

小姑娘背的时候，一批精明的家伙跟着念念有声。郭乐一坐下，举起的手臂成了一片。我让他们齐背——听起来很是整齐响亮。

这一首不太好，尾句意象缺乏美感。想到所背的终究要大部分忘记——尤其是那不算好的；想到这只是“日有所诵”的江河一滴，我也就释然了。

“有妈妈爸爸跟着背的吗？”

“有。我妈妈背。”

“我爸爸背。”

“我爸爸妈妈都爱背！”语气里充满自豪。

“我爷爷跟我背。”李德昊说。

真好！

以后就这样，每天一两分钟，让他们自己熏自己——顺便也熏熏文心尚未完全“石化”的父母。

不信诗意熏不来。

4 月 29 日 / 星期五 阴雨

这样的时刻

不是雨横风狂，是薄薄的春阴笼罩，汩汩的湿风鼓荡。

人说语言无法表达的时候，音乐响起来；在我看来，音乐无法表达的时候，风便飚起来。这样的时刻，我会对着颠倒婆娑的柔树久久发呆；这样的时刻，我听见了最纯粹的音乐，我觑见了最完美的舞者。她们和漫天浩浩的风一起，贯穿、融解我。

这样的时刻，不免心神恍惚，有一种强烈的冲动，想要逸出坚硬沉重的现实，去到另一个世界。

《我们来自另一个世界》，就是写在这样的时刻。

睡在书里的声音，是携我飞去的翅膀；如果有喜悦的人给我读呢，那是更好的幸福——现在，又多了一样东西，可以带我和我的学生一起飞翔，那就是音乐。

上午的品德课上完后，《小放牛》《阳春白雪》《苏武牧羊》——我们一听再听，末一曲连听两遍。

能告诉学生的是："箫是老师最喜欢的一种乐器。《苏武牧羊》老师听过很多次，被深深打动的是这一次。今天我才发现，这首曲子原来这么美好。以后，只要再听见，我就会想起这时的天气、这一节课，想起你们——我喜爱的孩子。”

无法讲给他们的是：当坚韧卓绝的箫之主旋律回旋于富丽堂皇的背景之上时，心被强烈震撼了。没有孤独，没有哀怨——我相信，使得十数年的艰苦卓绝可以忍受的，必定是人物内心拥有的无人可以夺去的最为可贵和美丽的东西。

想起昨晚终于读懂了的小王子的话：“本质的东西是眼睛看不见的。藏在沙漠里的泉水，让沙漠美丽起来。”

我知道，我的心里，有这股泉。

我知道，这是朋友走向我的原因。

凭此，我和我的学生，我的朋友，或许可以免于枯干。

没有给他们讲故事——我宁愿他们不受人和事的禁锢，任童心在乐声里沉醉。

4月30日 / 星期六 阴转晴

上星期四的课，5月1日至7日放假。

忍无可忍

雪花的快乐

徐志摩

假如我是一朵雪花
翩翩地在半空里潇洒
我一定认清我的方向
飞扬飞扬飞扬
这地面上有我的方向

三人背过之后，全班齐背，那声音听起来犹豫而参差，教师不高兴了。

这时候才有人站起来，忍无可忍地喊道：“老师，不是这一首。昨天晚上背的是《会飞的叶子》！”

“就是嘛。”

"就是的！"

一呼百应——全班人不约而同地冲我吼道：

会飞的叶子

钱万成

谁都怕冬天
说冬天冷
小麻雀却说不
在光秃秃的树丫上
朗诵小诗

谁都说冬天难看
孤孤单单没有绿意
小麻雀站在枝头
给寂寞的老树
添上一片会飞的叶子

道歉之后，我让举手的孩子背，背好了有赏——奖品是儿子的练习本。

我又问："谁的爸爸妈妈跟着背了？"

"我！"

"我！"

“下次老师碰见你的爸爸妈妈，就让他们背给我听——行吗？”我问朱紫晖。

“行！”孩子肯定地点点头。

我笑了。只是因为乃父乃母都做过自己的学生，教师才如此玩笑。要不，真让人“忍无可忍”了。

5 月 10 日检查，总共 14 首。一定有很多人背不熟，或者没背完。没什么，慢慢来吧，先以奖励为主，然后软硬兼施。做这种事情的态度，第一要记得聊胜于无，第二才是争取最大丰收。

课内学习尚且容许差距，何况课外阅读——心平气和，不求全责备，不劈头盖脸一刀切，恰是让所有孩子于不知不觉中“渐渐上钩”——渐渐上路的前提。

这一个感召那一个，这一次促进下一次。越来越多，越来越好，越来越乐意——主要依靠学生自身的影响力和带动力，然后辅以奖惩措施，这样才能在班级形成一股整体向上的生长之力；这样才能使班级成为一座充满活力的生命的林子。

茶壶里面起波涛。不过是背几首小诗，也能整出一番阔论——云之迂，也令人忍无可忍。

5月 May

不紧不慢，安辔而行的重复

5月1日 / 星期日 雨

捏脊

下午，夫妇一同上门，接来师范同学孟凡涛一家——同学手把手地教我们捏脊方法，希望对于儿子的肠胃有帮助。

5月3日 / 星期二 晴

阅读《童年的秘密》

这两日读蒙台梭利《童年的秘密》，很有收获，很受启发。

5月8日 / 星期日 晴

我也是一只小鸡

上星期五的课。

上课了，很多课桌上放着“小诗歌”。

“5月3日的字签了吗？”

“签——啦！”

“5月10日的我都签了！”有人得意地向左右炫耀。

“《冰凌花》，谁来背？”

韩玉琤站起来：

玻璃窗像一个大花园，
开出许多冰凌花，
我要摘下一朵送给春天。

这是第一段，在她稍做停顿的间隙，越来越多的孩子，声音越来越大地送出后面的句子：

妈妈说不要这样傻，

爸爸说不要这样呆。

他们的话我当成了耳边风。
我撮口对花园吹气——
春天来喽！春天来喽！
那最大的一朵冰凌花咧嘴笑了
嘴呀，一直咧到耳丫。

“《初春》？”

李旭冉的手高高举起。和韩玉琤一样，他起一个头，凉爽的晨风中，全班人念念有“声”：

一枚嫩芽
在泥土中快活地叫着
脱去冬天的衣衫

一枚嫩芽
带动成群的嫩芽
快活地摇晃着脑袋

风，在一片摇晃中
在一片叫喊声中
把春天扶出了地面

就这样顺流而下。晏楚芸带背《春天》，高岩松带背《春天在哪里》，聂大伟带背《春天被卖光了》，常睿琪带背《夏夜的湖》，施俊瑞带背《太阳喝醉酒》……

这是领唱与合唱的和谐律动；这是一枚芽带动成群的嫩芽；这是从心底涌出的温润的、“沛然而不可御”的风，“把春天扶出了地面”——在语文教师看来，这以脆甜的童音呈现的春天，是世间能有的最美景观。

天上的太阳，
被白云相中了，
织成了彩霞。

湖里的太阳，
被鱼儿相中了，
雕成了莲花。

心里的太阳，
被灵感相中了，
写成了诗歌。

和我一样，李德昊一诵读，就情不自禁地抬起手来比比画画。

“你在找音乐的节拍。”在南京，徐冬梅老师微笑着告诉我，“语感强烈的人都这样”。

看着个头小小的他，很大气地以富有感染力的手势带领大家诵完《太阳》，教师的心里有些激动。“灵感”是什么？他懂不懂？他们懂不懂？这实在不重要。在这朦胧而温润的时刻里，句分词析的解释不仅是煞风景的，也是毁灭性的——与之同理的是，我明明知道有不少人在“滥竽充数”，但现在也绝对不是揪出他们的时刻。熏陶之所以称为熏陶，其特点、其可贵就在于这种不求甚解、不求明察的圆融与浑涵中所蕴含着的甜蜜、宽松的诱惑。

尤其高兴于聂大伟、施俊瑞能够带背。

“你的班上，难道就没有特别不聪明、特别不爱干的孩子吗？”在定海，玫瑰问。

“没有！或者说，作为教师，我不能说有。但是，我可以告诉你，有一批孩子，只半个学期下来，就发生了近似于脱胎换骨的变化。那是从外在的言行举止到内在的气质神态的悄然更新。有一个与从前全然不同的自我正在他们的身体里苏醒——我主要指的是那些借读生。我以为，读书是主要的原因。”

最令人惊讶的是，连续性的活动这种方式几乎能像魔杖一样叩开儿童天赋正常发展之门。

就在今天上午，刚刚读到的蒙台梭利的这句话，让我激动到了不能自已。因为这样一个在“连续活动”中悄然发生的庄严而伟大的过程，我正看见，我正亲历——我正一手导演。

日有所诵——日不间断啊。

当翼然告诉我“古诗文诵读活动”把她累得死去活来的时候，我忍不住问：“你们的孩子是否每天都在诵读？如果不是，这样劳民伤财的表演，有什么意义？”

真正快乐的学习，真正幸福的成长，恰是沉静的——正如贪婪地吮吸着春雨、枝叶往高处伸、根系往深处扎的树。

蒙台梭利说：“当儿童的心理生活升华的时候，他们自愿地拒绝这些无用的、外在的乐趣。”

那种珍视内在的、沉静的幸福，轻视奖励与展示的品质，大约就是我们所期待的定力、尊严和贵族气吧。

与“日有所诵”相辅相成的，是存在于课堂教学中的另一种平和而润泽的连续性。那就是——在看似重复的教学活动中，每天有一点点不易察觉的变化和提升。是这样严谨然而活泼的连续性学习，用教材筑成一道周边长满花草的慢坡，把孩子的阅读、理解、鉴赏能力，一点一点，稳扎稳打地往高处带。

就说今天的新课《世界多美呀》。

放磁带的时候，有孩子拿出铅笔，一边听一边给句子画出停顿和重音符号。上学期开始的每课必做的事情，已使他们养成习惯——寻找“文句之节”的习惯。就像给一堆音符加上小节线和调号——文章，真的变成了乐谱。

“对，一共四段。想一想，作者为什么要把文章分成这样的四段来写呢？这是一个很难的谜，谁能猜出来？”——沿着理解句义、词义的道路前行，自然而然，这就要领着他们分析文章结构了。

“第一段，小鸡在壳里，壳还没有眼儿，它只看见黄色的蛋壳，它以为世界是黄色的；第二段，小鸡把壳啄开一个小眼儿，看见了外面的世界，它说世界多美啊；第三段，小鸡看到外面的世界那么美丽，想出去，就用翅膀撑破了蛋壳；第四段，小鸡出来了，它说世界多美啊！”

大致如此的表述，李德昊、郭乐、李旭冉一说再说——其他孩子在全神贯注地听。这样的重复是必需的。

“对，你们真聪明。你们是作者的知音，也是那只小鸡的知音……”

“老师，老师，我还要说，我还可以说得比他们都简单！”高岩松大声喊道。

“第一段，小鸡在壳里，只看见黄色的壳；第二段小鸡把壳啄了个眼儿，看见了美丽的世界；第三段小鸡撑破了壳；第四段，小鸡出来了——每一段的内容都不同。”

“是啊，先是只看见黄色的壳里世界，然后是看见外面的世界，然后是来到了美丽的世界。天空是——”

“蓝湛湛的，树木是绿茵茵的，小河是碧澄澄的！”被逐一提高的要求牵引着，听、读了很多遍，到这个时候，他们基本可以成诵。

下课铃响起。

“知道吗？你们都是小鸡，教室就是蛋壳，窗户呢，就是挺大的眼儿。课堂上，你们可以从眼儿里看见一部分外面的世界；下课了，蛋壳儿敞开一个大缺口，那就是教室的门。现在，小鸡们，快出去看看，除了蓝色的天空、绿色的树木，还有哪些颜色。”

“耶！”他们扇动着稚嫩的翅膀，欢呼着出去了。

之后的10分钟里，我的板书生字不断被他们兴冲冲的报告打断——

“老师！学校围墙边的花是红色的、黄色的！”

“老师！操场是灰色的！”

“老师！天上的云是白色的！”

“老师！学校大楼的墙壁是咖啡色的！”

“老师！我的褂子是紫色的！”

“老师！他的裤子是黑色的！”

“老师！我的这张纸牌，是五颜六色的，什么颜色都有哇！”

“哈哈哈哈……”我忍不住大笑起来。

就在这色彩的丰收中，上课铃又响了。

“天空是蓝湛湛的，树木是绿茵茵的，小河是碧澄澄的！蓝湛湛、绿茵茵、碧澄澄，小鸡看见的世界就只有这三种吗？”

“不是。”

“所以！”我在黑板上“咚咚咚”地点了六下，“作者用了一个——”

“省——略——号！”几个人喊起来。

才不管他们认不认识呢，按照一贯的做法，我自顾将“省略号”写在六个点点的下面，然后，很有气势地在下面一画再画。顺着我的手势，他们很自然地跟着一读再读：“省略号！”“省略号！”“省略号！”

“省略号的意思是什么呢？”

几个人帮我说了。

当然，发言的总是少数——那些静听的大部分，用他们汲取的眼神告诉我，在这润泽的、泉一样婉转流淌的课堂里，有一种美好舒适的秩序在。在这产生于习惯并且已经习惯了的秩序中，他们找到了自己的位置——发言是智慧的闪烁，倾听是理智的沉静。多么好——山高水低各随其性吧，未必要人人都兴奋，个个都开口。

这种秩序，源于连续、缓慢、确实可靠地生长着的教学活动。也只有在这种充盈着“理智的沉静”的秩序中，师生才可以实现心灵的升华，觅到内在的快乐。

对于学生而言，课堂学习和课外阅读，是他们左一口右一口啄向蛋壳的用力点。总有一天，他们的翅膀将撑破蛋壳，进入——拥有整个美丽的世界。

我也是一只小鸡，正在阅读的教育理论对我来说，就是我用力啄开的壳眼儿。透过这个小眼儿，我看见了从前没有看见的美好世界。蓝湛湛、绿茵茵、碧澄澄、红艳艳、紫微微……这些美丽的色彩，更多蕴含在我们师生悄然变化、悄然生长、悄然拓展着的精神领域。

不知道我是否有破壳而出的那一天，即便没有——看见了，我也满足了。

关于教育，有多少人以为“整个世界都是黄色的”呀！

5 月 9 日 / 星期一 晴

反复反复反复

早自习还是温诗。程序与昨天相反：先齐诵，再单背。有意点那不举手——一贯不举手的孩子背。

丁若琳、李玉琢、胡婧怡、化雪纯、刘月辰、王方波、张芫玲……大多背得流利、响亮、有韵味。这说明，即便他们平时很少主动表现自己，可是在教师的指导中，在其他同学的诵读中——在学校生活的浩荡春水中，他们还是顺流而下了。

李玉琢背的是《太阳》。几乎从不主动发言的她，挺立着，双手扶着桌面，琅琅而诵。她的同桌是李德昊，李德昊昨天背得也是这一首——她背得和李德昊一样好。

反复。反复的“下一次”，总有“上一次”的沉默者将听来的本领亮给你看。现在的我，已不再惊异他们何以“不经锻炼”就会了。因为听是最重要的学习手段之一，很多孩子只是不善于展示而已。春兰秋菊，各具其妍吧——对此，他们拥有自主权。

太阳喝醉酒，

不小心碰到了山头，

就倒在了山头的后面。

于是，

黑夜出现了。

这是 14 首的末一首。当温习结束，高岩松高高举手：“老师，我想单独再背一遍。”

于是他背。不知道其他孩子记得否，一模一样的情况，昨天的语文课上曾经出现。

昨天，当温习结束，高岩松高高举手：“老师，我想单独再背一遍。”也是《太阳喝醉酒》。什么原因使他对这一首情有独钟呢？有趣。

昨天下课之后，也就是“单独再背一遍”之后，高岩松来到我跟前，目光坦荡地看着我：“薛老师，你有没有发现我今天上课的表现很好？”

当时的我，无法不笑啊：“发现了呀！你背得真好！更重要的，是你听得很好！希望你以后的表现总是这样好。因为你是好孩子。”

“嗯！”他使劲点点头，满意而去——他在有意识追求“好”了。

今天的重复颇有戏剧性——同意重复，是我有意的。

做早操了，广播响起之前，几个孩子你推我搡，高岩松也在其中。眼尖的他看见我来了，立刻收回手脚，站得笔直。我笑一笑，摸一摸他的额头，他也笑了。我的意思他懂得：“记住，你是好孩子。”

教师与学生的教育关系具有一种特殊的个人品质。教师不仅仅是向学生传授知识，他实际上以一种个人的方式体现了他所教授的知识。从某种意义上说，教师就是他所教授的知识。

同样地，学生也不是简单地储存他学到的知识，每一个学生都以一个特别的、个人的方式学习。每一个孩子都以自己独特的方式吸收价值观、实际技术，形成习惯和进行批判性的反思。教师可能在教授一个有 35 名学生的班级，但很重要的是要记住，所有的学习最终都是个人的过程。

因此，对于教师来说，要将他们所教授的学科以一种个人的方式进行调和并与学生进行个性化的接触，这是一个伟大的挑战。

这并不是说，教师必须与他的每一个学生保持一种个人对个人的关系（特别是在高中阶段，这是不可能的），但教师对他的学生而言，应当是以其个人的亲切方式出现在他们面前。

对于教师来说，要将他们所教授的学科以一种个人的方式进行调和并与学生进行个性化的接触，这是一个伟大的挑战。（[加]马克斯·范梅南《教学机智——教育智慧的意蕴》）

喜欢这样的挑战。而反复，就是赢得胜利的重要手段。

当儿童在童年时期开始意识到自我的时候，他正处在一个个性形成和敏感性发展的过程，因此他处在一种创造性的状态，特别容易受到暗示。（[意]蒙台梭利《童年的秘密》）

一样的诗，一样的要求，第一天背，第二天再背；摸一摸头，相视一笑，这也是一种反复。通过有意的反复，可以让学生建立这样的确信："我是一个好孩子。"

还是语文。

累了，听音乐。黑板上刚出现一个"苏"字，就有几个孩子轻声念出"武"——然后，大约三分之一的孩子呼出"苏武牧羊"。当我一笔一画把四个字写好的时候，他们已经把曲名齐念了好几遍。

放音乐的时候，要求孩子们闭了眼睛静听——说话被点名的，下了课要罚站。这，大约相当于蒙台梭利的寂静训练吧。

毕竟我有教学压力，不可能有整块的时间让他们一个一个安静地、不碰到任何物件地上台又回位；让坐着的54个人在看的过程中学会体验安静等待的奇妙与甜蜜。

赏乐也需要重复。一盘磁带要用一个学期时间听完。是这种不紧不慢、安辔而行的重复，涤荡了师生的浮躁、茫然，滋养了师生的从容、优雅。

《梅花三弄》啊，《阳关三叠》啊，孩子们，让我们慢慢听，慢慢熏。音乐是流动的建筑，只有通过反复，音乐才可以在耳朵、在心里立起来。

"蒹葭苍苍"啊，"坎坎伐檀"啊，孩子们，让我们慢慢来，慢慢念；我们迟早会念到的《诗经》，是我们民族在童年时代所开出的美丽的精神之花。听听那反复，那是我们的祖先在一唱三叹呢。

反复——是儿童成长内在的要求，也是教育必须遵循的规律。

反复——加上昨天的内容，大约说透了吧。好累，这个话题我不想再写了。

毕竟我不是儿童，写作的反复，令我忍无可忍！

5月10日 / 星期二 晴

童 心

下午上班，路过操场。

飞跑而过的李宋杰一个急转弯，语速极快地告诉我：“李德昊不会开门，是我帮他开的！”

“什么？”教师缓缓地问。其实他的意思我已经明白了，可我想听他清楚地再说一遍。

“教室的门，李德昊不会开，是我帮他开的。”这一次，他人站稳当了，声音也稳当响亮了许多。

“哦，是这样啊。真能干！那么，窗户你会开吗？”

“会呀。”他看着我，声音里充满自豪。

“请你帮帮老师，把教室两边的窗户都打开，好吗？”

“好的！”答应着，李宋杰向着教室飞跑而去。

我得意地笑了，觉得自己很像油漆栅栏的汤姆·索亚——觉得自己有一颗可爱的童心。

“怎么是李德昊开门？叶少华呢？”想了好久才想起来，“他去看牙齿了！上午他妈妈请过假了——什么记性！”

第一节是语文课。温润的风鼓荡着，由南而北，经门窗川流而过——真舒服啊！

课已经结束。复习，随着磁带念书。

然后听音乐——二胡曲《月夜》。

5月11日 / 星期三 晴

星星点点的快乐

夜晚是一朵黑色的花儿
黄昏时候开始慢慢绽开
天一亮就悄悄合上

细腻的花瓣儿上
落着星星点点的小甲虫
甲虫闪烁着金色的光芒

月牙儿在花瓣儿上散步
一会儿逗着甲虫玩耍
一会儿采集扑面的花香

夜晚是一朵黑色的花儿
它的花期不短也不长
足够你把梦做得像模像样

几个生字注过音，孩子们就念得有韵有调、像模像样。

“‘细腻的花瓣儿上/落着星星点点的小甲虫/甲虫闪烁着金色的光芒’——‘星星点点的小甲虫’，这是什么呢？”

“星——星！”几乎所有的人都张开嘴，不假思索地告诉我，语气随便得像在嘲笑问题的幼稚。教师听见吃惊不小，准备好的解说也用不着了。可见，是我小瞧他们了——童心就是诗心啊。

“‘月牙儿在花瓣儿上散步/一会儿逗着甲虫玩耍/一会儿采集扑面的花香’——哪儿来的花香呢？”这一回，我是真心诚意向他们请教。

“月牙和星星都喜欢黑夜，你喜欢一样东西，就觉得它很香了！”

“哦——”自以为爱诗的教师恍然大悟，心下佩服得紧。

想起一天的品德课上，讨论“我爱我的班级”，韩玉琤发言道：“走进我们班教室，我觉得有一股好闻的味道！”

几个孩子选出“好玩”的日记读给大家听。

有人在家跟妈妈做“闪”字游戏，有人养蝌蚪，有人吃饭被筷子硌掉了牙，有人赏花给绿蜘蛛吓了一跳，有人参加象棋比赛……

唐雅馨在 5 月 1 日写道：

今天，我去文采酒店吃饭。看见饭店里有四堆新娘在结婚。外面有三堆新娘，里面有一堆新娘——真热闹啊！

“新郎新娘都叫新人。应当这样写：文采酒店有四对新人结婚，外面有三位新娘，里面有一位新娘——天哪，唐雅馨，一堆一堆的，那是水果啊！”教师说。

下午做第六单元 A、B 卷。

“老师老师，这两个字我不认识！”朱紫晖举手喊。

很多人回头看他——在我们的班级里，现在很少有人敢这样大声地问字了，一则他们识字挺多，二则因为往往有人嘲笑：“这都不认得，课外书读得太少啦！”

“认识。”我说。

“不认识。”他说。

“是‘认识’。”我很耐心地再说。

“是……不……认识……”他皱着眉头再说。

这时候，我才告诉他：“这两个字啊，就念‘认、识’！”

“哦。认识，认识——我认识了。”孩子依然一脸严肃，自言自语地念叨着、识记着。

一转身，我就笑了，觉得自己挺坏。

5月12日 / 星期四 晴

林子与天空

“孩子把小鸟放走了，想一想，他会对小鸟说什么呢？”

A、B卷里的这道题，是针对课文《放小鸟》设计的。学生的回答精彩纷呈：“小鸟啊，这回你可要跟紧妈妈，别又飞丢了。”“小鸟啊，感谢你给我带来的快乐。可是我不能留下你，因为你想家了。”“小鸟啊，高高地飞吧，自由地飞吧。树林和天空才是你的家呢。”“小鸟啊，但愿你快快长大。”“小鸟啊，以后你可要当心了，别再让人给抓住了，要小心躲开猎人的枪口。”“小鸟啊，希望你能常来看我。”“小鸟啊，你走之后，我会想你的。”

第一个举手的是周子善，我觉得他的发言最为由衷：“小鸟啊，我多么想和你一起飞走！”好在他没有说“我好累。我要远远地离开这里，离开学校”。毕竟，和同学们比起来，他的学习吃力很多。

老师的职责在于：让孩子们觉得课堂、书卷、同学之间、师生之间就是一座宽松而非放任的林子，一片高远并且洁净的天空。这是一个只能无限接近、不能最终达到的目标。因为人只能求存于、成长在一个预先存在了的客观世界。一切必须面对的局限和压迫，是漫长的历史与沉重的现实早就决定了的。孩子终将长大，终将独立在这世界上谋生、奋斗、发展。无视现实的结果，只能是把不会游泳的人丢进充满凶险的茫茫大海。

所以啊，林子和天空，只能照着心中的蓝图，凭师生的共同努力，一点点构建。舒展而非肆意，勤勉而非劳苦，约束而非压抑，快乐而非狂放……天长日久，靠着心血营造的外在的成长环境，必将内化为一种稳定的心理品质——一种健康的生命状态。这样的童年，定会成为源头活水，滋养孩子的一生。

生而为人的幸福就在于把理想一点一点地实现。我愿为此而尽心尽力。

5 月 13 日 / 星期五 雨

第六单元测验情况分析

这张卷子综合性、灵活性比较强，加上前几次考试成绩比较好，大约是学生有点飘了，所以分数总体下滑。

作文题为：“五一期间你参加了哪些活动，你最喜欢的活动是什么？”由于各人文字表达水平的差距，写出的东西详略不同，顺畅和清爽的程度也不一样。好的学生语言通顺，书写工整，标点符号使用正确，读起来十分舒服——有几个小家伙“哪里都没有去，什么活动都没有参加”，却把在家的快乐写得层次分明、生动有趣。

假期里孙琪先“最高兴的活动”是抄了 3 篇课文：《春笋》《小雨点》《我叫足球》。这令我颇为感动。我知道，这样的孩子实在是因为发自内心的喜欢才抄，不是家长让做的——如果孩子不想做，家长的逼迫只能让他讨厌语文，还不如让他自由阅读或者玩耍呢。不管现在的分数是多少，这一份喜欢和不讨厌，才是最宝贵的。

胡婧怡、化雪纯、韩玉琤的作文特别漂亮（视觉效果也很重要），加了一两分——主要是一个鼓励的意思。

各分数段的人数分布：95—99 分，6 人。全部是女生：胡婧怡、化雪纯、常睿琪、江业雯、李卓然、丁若琳。90—94 分，14 人。85—89 分，10 人。80—84 分，12 人。70—79 分，7 人。60—69 分，4 人。不及格，2 人。

5 月 16 日 / 星期一 雨

无聊的母亲

“三模”结束，高三休息一天。上午，金戈由父亲带着去一院“看肠子”。人太多，挂的 41 号，等到 10：30，才看到 13 号，父子俩只好沮丧地回家了。

“两个大男人，病都看不到！”我很生气，无理取闹地嚷嚷，儿子委屈地落泪了，我于是又赔礼道歉。

下午，请假带儿子再去——加上上午的，这是第七次了。医生的回答和从前几位说的一样：是生活节奏过于紧张和精神压力过大造成的消化功能紊乱，高考结束，将自然痊愈。

拿了两盒中成药。几度悬起的心，又一次放松。

路上，我满含委屈地跟儿子说：“你怎么能压力大呢？你怎么能这样折磨人呢？你凭良心说，妈妈给过你压力吗？”

儿子不好意思地说：“上学期有一段时间我吃过午饭就打篮球，也是一个重要原因。”

“医生说你轻微胃下垂啊！”

五一之后，每天必行的捏脊，效果不错。感谢孟凡涛。

5 月 17 日 / 星期二 阴

“自来水”

饱含水汽的云低垂着，空气凉爽而湿润。所见花草树木，一片肥硕得意、生机勃勃。

从 12 日到 15 日，四天里一鼓作气，写完《回归之路——读玛丽亚·蒙台梭利〈童年的秘密〉》，感觉十分伤神，需要好好休息几日。

有人以为看云写作如同自来水，一拧就来——多么冤枉。

5 月 18 日 / 星期三 阴

完全没有压力怎么可能

相信蒙台梭利的话：物质世界的秩序，将导致心灵的纯净和优雅。

十分在意教室的卫生情况：发现桌椅歪斜了，必定要正过来；看见谁的座位旁边有纸屑，必定令其捡起丢到垃圾桶里。

时间长了，点点肩膀，指指地面，学生就知道该干什么了——时间再长些，一人被点，其他人就条件反射般检查自己的地盘。

初三下半年，儿子学到 23:30。整整一个学期，都要等他熄灯了，我才睡去。仅仅三年过去，做母亲的就一点也不能跟着熬了，否则次日白天必定晕乎乎的。当然，晚上这种不可支的疲倦，和白天的劳神有极大关系。

五一之后，只要儿子不休息，即便上了床，我也无法入睡——这是自己也没有想到的事情。

那天无意中说："最近欠神得很，觉得自己干巴了很多。"

儿子紧张地问："不是因为我吧？我可没有要你为我操心。"

我觉得很抱歉，连忙说："不是的，不是的。是我自己有毛病，是我自己无事烦。"

这是潜在深处的心疼与不安，希望自己平复下来。

想把睡眠往前调。只一个晚上，儿子就焦虑了："很多同学依然干到一两点，我十二点就睡，简直是不想好了——要调也要等到 25 日放假之后。现在，除了夜晚，根本没有整块时间。练习量上不去，怎么行呢？"

当我老调重弹，说起中考经验，他就说："难道你不知道，我现在的实力，跟那时不能相提并论？"

是的，不能相提并论了。那时候，我们的时间利用率是多么高，这三年，每天往返的两个小时，如果用在学习上，结果怎么可能一样？

但是，即便从头再来，我也依然不租房子——这一点，儿子也是知道的。

12 年苦读，只为了两天——不，是 8.5 小时的四场考试。想想真可怕。12 年对 8.5 个小时啊，我的天！

完全没有压力，怎么可能！

完全没有压力，这样艰苦的学习，又如何可以坚持下来？

5 月 19 日 / 星期四 阴

“假如你是蚂蚁”

就课文内容设计话题，师生“随意地聊”。

对于问和答，教师既有预设，又随时准备因生动活泼的现场教学情境而做调整——这是我的最爱。

放而不肆，收而不拘。在我眼里，这才是有生命的（思维上的放）、健康向上的（方向上的收）课。

有人说这是牵引，我觉得甚可笑！学之初——教师就要伸出手来牵引孩子；不牵不引，任由他们在旧有的见识里玩闹旋转，那才是真正的误人子弟呢。

“百般红紫斗芳菲”，在那些长于做课秀的高手看来，这种方式太过古老与单调。

我是懒得和他们争论的，自由畅快的思考与表达，只有在朴素放松的环境中才会发生。一年到头相敬如宾，再恩爱的夫妻，也会双双入精神病院的。

原本我的课，就是自家师生任意徜徉的精神家园。

“冬天到了，西北风呼呼地刮起来。蚂蚁躺在装满粮食的洞里过冬了。蝈蝈又冷又饿，再也神气不起来了。”

这是《蚂蚁和蝈蝈》的结尾，其间的讽刺——抑或幸灾乐祸，是不言而喻的。

“如果你是蚂蚁，在冬天，看到蝈蝈又冷又饿，你会怎么做？”

“我会劝他出去干活。”

“可是，他已经错过了收藏粮食的季节了呀，劝有什么用呢？”

“我先借粮食给他，然后告诉他：要想冬天不挨饿，就得春、夏、秋天出力干活。”姚剑强回答。

暗暗竖起大拇指：教师事先想到的是“送”，相比之下，“借”好多了！

“我送粮食给蝈蝈，然后劝他干活。”

“再想一想，借和送，哪一种帮助的方法更好？”这是由姚剑强的回答生发的新问题。

讨论结果是：借更好。第一，借可以让蝈蝈为了还粮食而在春夏干活；第二，蝈蝈身强力壮，原本有能力养活自己，就该有借有还。

再问："在夏天，如果你是蚂蚁，你在满头大汗干活的时候听见了蝈蝈的嘲笑，你会怎么做？"

"我不听他们的嘲笑，一心一意干我的。"

略停一停，又有人发言。经过商量，得到如下共识：

"在夏天，我给他们讲道理，让他们不要只顾玩耍，也要干活。要不然，到了冬天就要挨饿。要是蝈蝈实在不听，就不管他了。到了冬天，我先让他饿一饿，让他知道我的话对了，再借粮食给他，再给他讲道理。那时候，他就能听进去了。"

"呵呵，你们真有办法。相信经过你们的帮助，到了明年春天——"

"蝈蝈一定爱劳动了！"

讨论一旦展开，孩子们总能给教师带来意外之喜。

今天的"借"和"先让他饿一饿"——就是我没有想到的。

很佩服我的学生。

也很佩服我自己。

5 月 20 日 / 星期五 晴

树 人

难得半日闲，下午没有课。一周里难得的整块“闲暇”——只有在这半天里，才让人觉得舒展悠游一些。

闫学从杭州寄来的《人间鲁迅》到了有些日子了，今天才得展卷。看半个钟头休息一次，端坐在那里练“自觉呼吸功法”，于心于眼都有好处——以后高兴了，可以教给小孩子们的。如有柔和舒缓的背景音乐做伴，效果更好。

就这样一路读过来，一路浸下去，很是享福。藤野先生给周树人批改听课笔记的一段，旧教材《在仙台》里有，教过三次。随着年龄的增长、阅历的丰富，越来越品得藤野先生的难能可贵和周树人一生难忘的感激与内疚。

今日再读，再度泪不自禁。这中间的感慨，也许只有做过教师，知道教师这一职业对人的耐心、爱心、公平心的残酷摧折与消磨才可以理解。

周树人对于集体活动和群众运动有天然的排斥，这一点和我很像。尤其同意：立志从事自由的写作和思考的人，是绝对不可以从属于“组织”的。因为有价值的作品，不可能在命令之下批量生产。

那么教育呢？教育应当永远是农业式的。要让学生感受到老农对于庄稼的深情——得到他结茧的双手的柔和的抚触，笼罩在他难以言表的充满爱意的目光中。

心里仅仅装着一个班是不够的，要努力实现和保持一对一的情感的交流，要努力培植和营造一对一的共同成长的快乐。

“老师喜欢我们”是不够的。要让每一个孩子坚信不疑：“老师喜欢我！”，这才是理想的——农业式的教育。

很难，努力吧。

5 月 23 日 / 星期一 阴

懒人懒招

懒人懒招，上午利用语文课的时间，对参加故事比赛的三个选手进行指导。对于那些看的人来说，只要他有心，也是一次学习。

上周三的读书课上，告知故事赛的事情。“愿意参加的，现在报名，现在试讲。我们当场确定人选。”一直以来，我对待“比赛”的态度都是这样。

个人以为：这种统统没有准备的现报、现选、现定，更能反映学生——其实是班级的真实水平。还有两重原因：第一，我想偷懒；第二，由于平时的积淀在，我对学生“来现的”有信心。

水平再高，如果不报名，我是不会劝他上的。在我看来，依靠个别高手赢得的所谓“集体荣誉”，远不如一个普通孩子的参与心愿更重要。报名的人里，择优录用——如果水平同等或相近，让没有上过的上。

当时，说完这些就下课了。因为下一节课还有下一节课的内容，我踩着铃声说：“报名的，我们利用课间 10 分钟来一次初选。想玩的出去玩。”

李卓然、金佳岷、王艺伟、韩玉琤、李德昊——只有五个小朋友上台讲了。可见他们参赛的热情有多么高！人少吗？正好省了我的时间和心力。其他人或出去玩，或者在下面和我一起轻松地听——10 分钟结束初选。根据现场表现，确定李卓然、金佳岷、韩玉琤三人参赛。

几天过去，从今天的情况来看，三个小家伙一直在家练习着。孩子小，悟性好，稍微点拨一下，所有人都看见：仅仅 10 来分钟的时间，他们的表演水平又上升了不少。一阵又一阵按捺不住的掌声，就是证明。

北京寄来的两份《中国教师报》，给李德昊、王艺伟做了初赛奖品。

5 月 24 日 / 星期二 晴

第七单元测验情况分析

汇总：

95—100 分，9 人。

胡婧怡 100 分。这孩子，上课从来不发言，只是如饥似渴地听，如饥似渴地汲取。真正一块安静、干燥的海绵，真正一种“理智的沉静”。

化雪纯（97 分）也是这样的孩子。

李宋杰（96 分）的字一直仿佛天书，上次被扣卷面分。这一回，不仅字看起来舒服，分数也上来很多——这中间有着必然的联系：字好，说明心沉下去了，心境不浮躁了，成绩自然也就上来了。

高岩松、常睿琪 98 分。分数判出之前，两人刚刚从我这里拿走小奖品——今天的儿童诗温习，他俩背得最好。

“谢谢薛老师。以后，我上课要好好表现，回家好好学习！”高岩松斗志昂扬，向我表决心。从成绩看，他有点冷热不均，一旦获得了恒心——小家伙必是可造之才。能否早日拥有定性呢？我且拭目以待。

90—94 分，21 人。

张芫玲 94 分，进步不小。郭乐回升，我深为之喜。高陈的字悦目了许多，希望原在同一水平的晏楚芸迎头赶上——那么漂亮、稚气的小姑娘，字，偏偏粗犷豪放！

85—89 分，9 人。

80—84 分，4 人。

70—79 分，7 人。

60—69 分，5 人。

随着学习内容的增加、考试难度的提高，这样的成绩分布将越来越趋于稳定——能改变的，是具体孩子所在的位置。

5 月 25 日 / 星期三 晴

沉静的孩子

不显山不露水——很少有剧情发生。在教师的工作随笔里，他们的身影极少出现。但是教师深爱着他们，因他们太让教师省心了。

那些表现抢眼的孩子，以他们的聪明、顽皮和突出个性，令集体充满生机，故事多多——给教师带来的烦恼和快乐也多多。

下午上班，见几个男生卧在草地上享福地吹风，胡婧怡欢笑着，绕着“吹风人”与伙伴追逐打闹。难得一见的笑容灿烂地绽放在她惯常绷紧的脸上——这让我甚为开心。

径直去了教室，准备将一类字书写在黑板上。这样做，一来从从容容，字可以写得好看些；二来，可以节省不少教学时间；三来呢，免得教师自顾写字的时候，学生无聊生混乱，破坏学习的节奏感。

教室里人很少，几个玩累了的孩子在喝水。

小姑娘端坐着，若有所思的样子引人注目。

“丁若琳，把语文书给我用一下，好吗？”

“哦。”书递来，人复端坐。

“怎么不出去玩？”

“不想，外面好晒！”声如游丝。

“你可以和她们一起在走廊跳皮筋啊。”

“不会。”教师笑了——小时候，她也不会这个。

“那你，会玩什么呢？”

“我会捕蝴蝶。”

教室里只剩我俩了。我写几个字，看一回她。想起一日气温很高，丁若琳一边端庄地走，一边掀衣服，露出雪白的肚皮。“好凉快，好舒服，是吗？”老师问。

“是的！”她笑了。

其实，我俩的“凉快”，意义不同。她指的是掀衣扇风的快意，我指的是从她那儿感染到的舒爽。

上课了。

“古时候，有个孩子叫司马光……”

一对同桌偷偷地来回拨弄着什么。不动声色地过去，瞄一眼。哈！小小塑料袋里，很多奄奄一息的粉蝶！

精明的孩子，有所察觉——立刻同时放手。肖君军以迅雷不及掩耳之速将东西搿到抽屉的尽里头——两人从此好好读书。

丁若琳不知道，看见沉静的孩子调皮一回，这让教师很快乐。

下课了，学完生字的欢呼着出去，余下的在那里“扫尾”。

丁若琳依然坐在那里，捧“小黄书”。

“怎么不出去玩？”

“这个问题，我已经回答过了！”如果是我，就这样回复。

“我在背儿童诗。”她很有耐心地告诉坏记性的班主任。

“哦，这样晚上就不用背了。”

我知道，丁若琳喜欢在月光下骑自行车。我还请她表演过车技呢。

都内向，班级将沉郁到令人恐怖；都外向，班级将聒噪到令人崩溃。

5 月 26 日 / 星期四 晴

儿子考前放假，在家做复习调整。

开始读《被压迫者教育学》——华东师范大学出版社朋友寄赠。

很喜欢这书的版式，大开本，排版疏朗悦目，我们眼糗的人看着觉得挺舒服。

这么巧的事

玩耍要注意安全。

遇到危险不要慌，要动脑筋。

自己不行的时候，赶快找大人。

学习《司马光》，经过一番近乎争吵的热烈讨论，得出三条教益。

“咚咚咚！”

使劲敲门的是李智炫。大约睡过头了吧？想着，不经意地打量他一眼，觉得此刻的他，干净得有点特别。这是下午，通常情况下，半天多下来，孩子——尤其是男孩子，一般都脏得可以了。

“怎么迟到这么久？”

“他掉臭水沟了！”随着一声大喊，全班人都笑起来，还有人兴高采烈地鼓掌。

“到底怎么了？谁能讲明白？”

既然心都散了，干脆把事情说透——我也想知道究竟。

“很多人都说臭水沟那头漂着死人，很多人都去看。李智炫也去了，看见一块长得好好的草，以为那是土地，一脚踩上去——掉进去了！”

课堂上极少主动发言的王新宇，指天画地，说得那叫流畅！

“哈哈哈……”又一通大笑。

李智炫眼圈红了，忍住了没有哭出声来。

“李智炫，给大家说说落水和得救的情况吧。”

“水，水到我这里，”他指一指腰部，“王新宇……宇的爸爸把我捞起来，送到了我爷……爷爷家。然……然后，我妈妈来了，把我洗……洗干净了，还换……换……换了衣服。”

“那沟很臭很脏啊，你没有呛到水吧？”

“没……没有。”

“哈哈哈……”

哄堂大笑中，教师听出了问题——看见了教育时机。

“问！从这件事情里，我们可以知道哪些道理？”

又一番热烈景象，结论如下：

不要听谣传谣，不要跟风看热闹。特别是不要去危险的地方看热闹。

王新宇的爸爸是值得表扬和学习的。有事求助于大人是应当的。

小朋友遇到不幸的时候，不该嘲笑人家，应当想办法帮助或者安慰人家。

这时候，再看他们投向李智炫的目光，已是充满同情和歉疚。

5 月 30 日 / 星期一 晴

谢 谢

现在我知道了，人之所以喜欢讲故事，真实的原因乃是：他一直在讲给自己听，听者以为一样的内容，其实在讲述者那里，随日子流逝，内容背后的内容，已经有所不同。每一个让你喜欢到反复讲述的故事里面，都有一个一遍遍不断更新、不停流转的自我。一切写作和阅读都是在写自己、读自己；一切的讲述，又何尝不是如此？

早自习，一口气给孩子讲了《猜猜我有多爱你》《红鞋子》《鳄鱼怕怕牙医怕怕》——孩子们高兴疯了。

下午，六本彩绘童书就到了——“快寄”，果然很快哦。当下就立在走廊，给唐进、艾玉华两位老师讲了《猜猜我有多爱你》《鳄鱼怕怕牙医怕怕》——她们笑了又笑，喜欢得不行。

17:00 开家长会，开头就讲《红鞋子》。“孩子求学的道路多么漫长而艰难啊！爸爸和妈妈，不要让孩子觉得自己好孤单；教师带着 55 个孩子前进的道路多么漫长而艰难啊，相信你们，不会让我们觉得自己是在孤军奋战。”第三节课刚下，外面并不安静，可是父母们听得很专心。

散会之后，高岩松、化雪纯的母亲强烈要求我帮忙给孩子买这六本书。“贵我们不怕。我们只怕这里买不到。”可是，我还是不舍得让她们花这么多钱。可是，我还是备受鼓舞。

以后，我可能会给更多的人讲故事——不管男女老少，只要我觉得对方有一双内在的灵敏的耳朵。

5月31日 / 星期二 晴

时雨至矣

居然预报明天有雨，于是六一庆祝活动改在今天下午举行。

14:15到17:00，拖沓的废话、尚可观看的鼓号队、呜呜啦啦的风琴——16个班级逐一上场的广播体操比赛。

天!

居然只晒晕一个，居然没有人打破头，居然各队能听见口令，在一片沸腾的海洋里挣扎着做完广播体操——我很佩服当代少年儿童的健康、顽强和耐性。

可是我知道，大部分孩子是快乐的——尽管有人一下午哭了两场。

学习再好的小朋友，大约只要不上课，就是高兴的。哪怕拔草，哪怕喂猪。

我亲爱的孩子们，我所有保有童心的朋友们：祝你们，祝看云自己节日快乐。

《夏洛的网》和《时代广场的蟋蟀》是徐老师寄给我的

第一批童书——她偏爱《时代广场的蟋蟀》，因她在其中读到了自己；出于同样的原因，我则为《夏洛的网》沉吟不已。日记有录的那个上午，出于无法克制的冲动，连蹦带跳地，我用一个早自习把《夏洛的网》讲给了学生——当时我不知道，那只是一个开始。最为脆弱但也最为强大的一颗种子，已经落到心田。

昨天晚上，一位父亲发来短信，谈到《红鞋子》给他带来的愧疚和震撼。今天下午，一位母亲再三回味"昨天的好故事"。"这样吧，只要你们喜欢，以后每次开家长会，我都给你们讲故事。"一个幼稚的决定，就这样诞生了。

下午，收到12本获国际大奖的儿童读物。米切尔·恩德的、纳塔莉·萨维奇·卡尔森的、贾尼·罗大里的……我知道，又一批种子撒落；我知道，和风来哉，时雨至矣——种子想不出土都难了。

"现在我的学生中，已有三五个可以阅读不带拼音的书刊了。以后，我用这些宝贝做奖品，发给在读写方面兴趣浓、成就高的孩子。一本书一个星期，读完还给我。不但节约，还能刺激阅读好书的幸福感和荣耀感——哈，我可真聪明。"

"不必这样，"徐老师说，"你完全可以把书放在教室里，让大家都读到。"

"如果那样的话，不要多久，它们就成卷心菜了。我可不想那样的事情发生！第一，这些书对于我有特殊意义，我舍不得它们破损了；第二，能力和兴趣不到的孩子，好书给他也是白白糟蹋了。

“作为教师，我是旗帜鲜明地主张爱有等差的。我爱所有学生，但不可能每人爱得一样多。对于品学兼优的孩子，我会倾注更多赏识和扶持——这叫因材施教。绝对一视同仁，其实是没有真性情的表现。这与教育公平并不矛盾。”

“姐姐妹妹来逛庙，妹妹丑来姐姐俏。”这话的意思是说名著的续作质量往往不如原作。如果说《失落的一角》让我“有所悟”的话，那么《失落的一角遇见大圆满》则让我“有所动、有所感”——有莫名的悲凉和凄怆充满心头。不光是学生和家长——也许，以后我会在更多场合，给更多人讲童书。

6月 June

抬脚是走路，正如落脚也是走路

6 月 1 日 / 星期三 晴

得意

讲故事之后，对于“童书”，不光是听见的家长“眼馋”，听见的网友也“心痒”了。

“一夜雨声”跟帖：

看云老师：《猜猜我有多爱你》《红鞋子》《鳄鱼怕怕牙医怕怕》……六本书都是什么出版社出的呢？那三本的名字是什么？麻烦您告知，打算去书店订购。谢谢！

书店朋友热情推荐其他绘本，“一夜雨声”答复道：“主要还是想看看云推荐的几本。觉得必是精品。”

这让我很是得意。我发现自己做儿童阅读推广挺合适。

还是有班——有根好啊。虽然累极，可是感觉踏实。

领跑员

读书课上，把“阅读奖励”的策划说给孩子们听。

“快期末了，这学期，我打算只奖励一个人。必须是我们中间读书、写作最棒的！是谁呢？”

“哇，好好哦！”

叹着，彼此看着，大约在掂量谁能获此殊荣。然后，越来越多的人喊出一个名字：“胡——婧——怡！”

进入本学期以来，胡婧怡每周只写两三篇日记。但是，那是怎样的质量！

顺手拿过她的本子，给大家读了两篇——无一字用拼音代替。

照录如下：

2005 年 5 月 26 日　星期四　晴

包 粽 子

马上快到端午节了。今天，外婆包了许多粽子：有红枣的，有鲜肉的，有白米的……外婆包粽子时，我坐在旁边看，想跟外婆学，可是外婆包得太快，我怎么也学不会。我问外婆什么时候才能吃到粽子，外婆告诉我明天才能吃到粽子，可把我急坏了。

妈妈跟我讲了端午的来历：每年农历五月初五那一天人们包粽子、赛龙舟，是为了纪念两千多年前的楚国大诗人屈原。我很想过端午节，因为能吃到香喷喷的粽子。

2005 年 5 月 28 日　星期六　晴

两只小鸭子

今天晚上，我下楼来玩，看到晏楚芸拎着小笼子，里面装了两只小鸭子，非常好玩。晏楚芸听到鸭子在叫，说："小鸭子在唱歌呢。"我想：小鸭子在叫，是因为小鸭子想出来。

我们跑到池塘边，给小鸭子洗澡，洗过澡后，我们摸小鸭子的羽毛，湿湿的。我们不敢把小鸭子往深水里放，怕它们会淹死。

我们都很喜欢这两只小鸭子，我叫妈妈也给我买，妈妈说：“六楼养鸭子不方便，关在家里它会着急的。”

然后，在一片心服口服的安静中，把《夏洛的网》交给她：“爱惜好了，什么时候看完什么时候还我。我知道，你早就能看这样的书了。”

“胡婧怡，好幸福哦！”

“我要是得到就好了！”

“这只是一个开头。相信，经过一个暑假的追赶，到下学期，会有更多同学得到这样的奖品。只要你学习进步，表现好，课外书读得棒，日记写得好——就把《红鞋子》《鳄鱼怕怕牙医怕怕》带回家去看，好不好？”

“好——”

声震屋瓦啊，所有的人都看见了希望。

哪怕只有一两个呢，班级里能有这样的领跑员，也是教师的幸事。绝不能白白浪费了如许可贵的教育资源——要知道，基于羡慕、不甘或攀比，来自同学的影响力、感召力，往往比教师一人的声嘶力竭、摇旗呐喊有效得多，也持久得多。

一个带几个，几个带一片；一波波涌起，一层层促进；前浪牵后浪，后浪推前浪。

慢慢来吧，且让我期待开阔高远的未来。

下课了，聂大伟伏在桌上，指着字，头一点一点地，使劲读着什么。拿起看时，是注音本的《格林童话》。

“为什么不去玩？”

“我喜欢念书。”

“是你自己的吗？”

“妈妈给买的。”

想起前天的家长会后，施俊瑞的母亲谦卑地说：“我们农村人……借读生……”当着很多人的面，我微笑着打断她：“不要这样说，在我的班级里，没有借读生、农村人的概念！”

在 2005-6-11 7:45:28，小荷儿给您发送的消息！

消息标题：胡婧怡今天最高兴！

薛老师：

你好，上午放学，胡婧怡回来迟了。一进家门，我问她：“怎么到现在才回来呀？”

“李老师发昨天的数学试卷呢。”一边回答，一边放下书包，扬了扬手中的试卷。

“这次考了多少分？”

“98分。”

“全班多少个100分？”

“十个！”一边回答我，一双小手在书包里不停地翻着。

我正纳闷：今天考得不好怎么还挺高兴的呢？只见她从书包里拿出一本书，冲到我跟前：“妈妈，这是今天老师给我看的书——《夏洛的网》。老师说了，因为我日记写得好，让我慢慢看，不着急，看完后再还给老师。还有，妈妈你要把书给我包上书皮，不能弄坏了。”

一看孩子那高兴又骄傲的样子，我明白了：原来这一份大的喜悦盖过了没得满分的不快。

她洗手，换完衣服，就在沙发上捧着书看。

她边看边问：“妈妈，书上的人名怎么和电脑上的不一样啊？”

“人名都是音译，只要音差不多就行了。”从老师的帖子上知道这本书后，孩子爸爸就给她从电脑上下载下来，读给她听过。现在看她那劲头十足的样子，我忍不住笑着对她爸爸说："你看，老师给的书就是不一样。"

中午吃饭，还不忘给爸爸布置作业："爸爸，你中午要把我的两篇日记打出来，发短信给老师啊！我可和老师说了你打字快呀。"爸爸笑着说："中午不睡觉，给你打上，行不行？""那行。"女儿笑道。

午睡的时候，女儿悄悄地告诉我："妈妈，今天是六一儿童节，这是我收到的最好的礼物。"

胡婧怡妈妈

2005 年 6 月 1 日

6月2日 / 星期四 晴

蝴蝶与毛毛虫

如我所料，对胡婧怡的奖励，在水平接近的孩子那里引起了不小的震荡——那感觉，大约类似于被毛毛虫蜇了一下。

这是涌起的“第一波”。差距大一点的，只有羡慕而已。

沮丧、难平、不甘示弱——同一层次的佼佼者，做出这样的心理反应，实在正常不过。

孩子的表情、家长的短信、言谈——当“痛感”确凿无疑地呈现在我面前，作为深爱着他们且为他们自豪的教师，我既心疼又犹豫。架上的书够多，是否应当紧跟着再奖呢？

上午，把五本书带到学校。从起床直到进教室——来回想着。

最后决定：这次，就这么定了。

原因如下：

对于这些孩子而言，受点小小挫折，是必需的。如果他的心理足够健康，昨天的沮丧早就一梦散尽——这时候，教师的出尔反尔、朝令夕改，只能强化他的敏感与脆弱。

说到底，使人成为书迷的，是他对阅读的内在需要，而不是教师的奖励——作为外因，教师的作用，最终要通过学生的接受才能发挥。

但是！播种、点燃、降霖、添柴的责任，在教师这里，是责无旁贷、义不容辞的。

55 个人的集体里，有个把孩子，最终不爱读书——这也正常。教育固然是一对一的，但教师在期待和考量自己工作成效的时候，更多要看主流，看氛围——想大多数孩子，因读书而奠定了怎样的人生；想那两个不算爱读的孩子，如果不是融在这样充满书香、和谐文雅的环境里，可能会变得顽劣、凶蛮。

这里有一对矛盾：一方面，教师希望奖惩起到刺激作用，如果大家都心平气和、宠辱不惊，修到了佛的境界，那我真是既没面子，也无可奈何——我所面对的是一个没有生机的、死寂僵固的“物理世界”；另一方面，教师又希望孩子不要把外在评价看得太重，现在的激励，正是为了将来不用激励也能沉浸在阅读之中，从而拥有属己的充实、宁静与幸福。

当快乐不是来自别人的给予，快乐便无人可以夺去。那时候，人便活在自己之中，人便获得了大的完满和自足。

抬脚是走路，正如落脚也是走路。

是周而复始地打破和制造平衡，使生命呈现行进与成长的状态。

喜欢富有张力的文字、思想和实践，喜欢将自己置身于这样的矛盾之中——唯此，才可以拥有教学机智、教育智慧。

同样的道理，愿意将学生抛进矛盾中，使他们在必须承受的阵痛中成长起来。

大爱无情。

哪怕是误解和委屈呢，也是他们不能或缺的经历，是他们精神获得钙质的唯一途径——正如玫瑰，要想认识蝴蝶，就必须承受几条毛毛虫。

迪姆胖瓜

《风鞋与火鞋》在德国家喻户晓，历年被选为小学教材。字数不到5万的一本小书，充满温馨、野趣，更充满朴素之爱及由爱而生的鞋匠夫妇令人感动的教育智慧。

大人也好，孩子也好，都可以从中受益。在欢笑和叹赏中，读者将和迪姆一起明白：对付嘲笑最好的方式是自嘲；不要羡慕别人，做平凡真实的自己最好。

昨天下午，给孩子们讲了一半。父子游历的记录、“故事套故事”的形式，不仅适合儿童趣味，而且方便教师分次讲述。

过桥玩耍

桥被压垮

摔个大马趴！

经过一番闯荡，当初沮丧万分、自卑万分、不想再做“迪姆”的迪奥，终于能够笑对伙伴起哄，并用自己的游历赢得同龄人的敬重了。

到这时，原先嘲讽的童谣，竟像真诚的赞歌了。

迪姆胖瓜

过桥玩耍

桥被压垮

摔个大马趴！

课间，学生们快乐地背着，一遍又一遍。他们很高兴，他们很喜欢——他们没有意识到，一粒种子，已经落到心田。

需要的时候——总会有那个时候的，我就不用长篇大论、循循善诱，我只要跟他们念起“迪姆胖瓜”，那个感觉受伤的孩子，就会破涕为笑了。

“老师老师，昨天你不是说，今天接着讲《风鞋与火鞋》的吗？”

“哦，我可没有忘记。有五个同学去参加器乐表演了——等他们回来，我们下午接着说。”

6月6日 / 星期一 阴

套着复习，套着学

上最后一课《小松鼠找花生果》。

上周四、五，因为调课，加上早自习，每天都是四节语文。一鼓作气，把前四个单元的课文和生字复习了。学生复习得有些烦了，回头上新课。

《小松鼠找花生果》及单元练习教学结束之后，再把后四个单元的课文、生字复习了，然后第八单元测验，然后集中复习单元练习、综合训练，然后期末考试。

这叫“套着复习”。

好处是：第一，把漫长单调的复习分解为三块，避免时日过久的炒剩饭，令孩子厌倦不已，再衰三竭；其二，课程一旦结束，师生多多少少都有点松劲，可是，有篇把新课“吊”着，大家的潜意识里就会自然而然绷着股新鲜的劲头。

一般情况下，一课教学基本结束，我会让学生把下一课自读三五遍，然后回头做这一课的基础训练。

这叫“套着学”。

好处是：对于将学的新课，初读之后，教学之前，有一个间隙，一段“捂”的心理空间。对于即将结束的一课，容易陷入疲沓状态的总结性练习，也因这一“隔”，多少恢复点兴致。学习，有时需要趁热打铁，有时需要拉开距离——距离产生新鲜感，距离刺激劲头，距离使学习流程疏密有致，一波波层层推进。

对于进入大脑的信息，小学生不大可能做主动反思。但是，在潜意识里，类似的过程还是在进行中。所以，在教学实践中，“只争朝夕”的结果，往往和下山掰玉米的小猴子一样。所以，时间再紧，也要给孩子留足回味沉淀的时间——不是去练习、去复习、去巩固，而是让他们丢开学习材料，去玩，去疯，去放松。刚摘下的柿子，必要“捂”些日子，才能透熟到蜜甜。这是一种特殊的生长过程，必须离开树体才能实现。

自己当年读书的时候，曾有过这种情况：一道题目当时怎么想都想不通，只好沮丧地丢开，可是，过几天回头看时，莫名其妙地豁然开朗了，而且很奇怪自己之前为什么那么笨。过去的两天，你并没有琢磨它——锲而不舍，有时会求之不得。

读施良方先生《课程理论——课程的基础、原理与问题》，写了这样的心得。

现在，又摸到一个窍门：错落变化，新旧双“捂”——在分秒必争的同时，造出“回味沉淀”的空间。

自以为聪明的一招，不知道表达清楚了没有。

呵呵。要不是因了这种发现和探索的好感觉，我 20 多年的教学——就成驴拉磨了。

6 月 7 日 / 星期二 阴

高考第一天

6:50 出发，7:30 到达预先订下的绿园宾馆 303 房间。

三年前，也是在铁路中学的考点，也是在绿园宾馆的包间。打开窗户，小桥流水入眼帘；凉风过处，绿树婆娑有姿——印象太深的美好一幕啊，莫非当年住的也是这一间？

稍事休息，一家三口人“浩浩荡荡”上路了。

“为了考生，请不要鸣笛。”交警大队的巨幅标语在风中招摇。

“喂喂，不要干了！不要干了！听见没有！”负责净化考场环境的警察用高音喇叭朝建筑工地的楼顶喊。

“呵呵，一股暖流在心头耶！”我说。

“还真是的。有点小激动！”儿子笑道。

这是第一场考试，送考的家长太多。殷殷期待都在千叮万嘱和满得要盈出来的目光中。学生也好，父母也好，很少有脸色好看的——个个颜色黄，个个眼泡肿，个个都在努力掩饰着内心的紧张和不安。

8∶30，大门开了，凭准考证，学生鱼贯而入。很多家长因为按捺不住内心的激动，无用地跟着往里涌。

“让开一条道，让开一条道，让学生进去。”工作人员只一声，很多人——不管是自己孩子进去了还是没有进去，都跟着喊起来：“让开一条道，让开一条道，让学生进去。”于是，从门口往外十来米，有了一条由父母站成的通道——非常感人！

“上厕所！”人群中一声大吼。

所有人都朝声音来的方向转头，我的耳朵几乎聋了——是一个灰头土脸的母亲，神色亢奋、一往情深地朝一群年轻的背影狂呼。

仿佛受了鼓舞，一个父亲也嚷起来：“检查！不慌！号码！姓名！”

“歇歇吧，”有人劝道，“到现在，说什么都晚了——随他去吧。”

“爸爸妈妈，我去了。”儿子挺了挺腰，正了正斜挎的小包，大步进门，背影没入人流的一瞬间，回头朝我们招一招手——灿烂地笑着。

瞬间，一直平和的心热起来——无人觉察的瞬间，眼泪漫了上来。

我知道，这一跨，我的儿子，就迈进了属于他的独立的未来——所幸的是，在此之前，我们以我们的“冷酷”，给了他足够的吃苦和独立能力。

在我看来，四场考试，是四场烈火，所有的孩子，都将经此诞生一个全新的自我——现在，万般的不放心都是没有用的；现在，到了他们必须独自面对的重大时刻。以后都是这样。

每一种漫长的艰辛，每一次严峻的考验，都是成就他们的炉火与铁锤。

父母如果过度呵护，就只能让孩子满身都是“阿喀琉斯之踵”——先就成蜂窝煤了，还谈什么搏杀人生？

站到 9:00，发卷铃声响了，我们才离开。

午饭之后，洗澡、睡觉、起来做几道简单的数学题热热身——去考场。

17:00 之后，众考生灰着脸或者红着眼，个个垂头丧气地出来。

“不太好！”儿子苦笑着朝我们摇头，“好在我对自己有正确估计，做好了最后一道大题缴械的准备——明天的理综……”

“理综恐怖伤了！伢们末有不怕理综的！”我用地道的合肥土话说。

“哈哈哈……”一家人都笑了。

6月8日 / 星期三 晴

大将风度

理化生三科合卷，谓之理综。儿子的最怕——几乎所有理科生谈之色变。

“不要慌，不要为最后的难题乱了方寸。定了神再做，没有时间检查，一次正确最重要！”我说——这是儿子事先教我的。

下午，再次按照儿子的叮嘱叮嘱他：“这是最后一门，这是你的强项。不要浮，不要躁，当它最难的一门去认真对付。”

归来，坐在车上，凉风习习。

“感觉比较怪，”儿子说，“考前不像想象的那样紧张，考后不像传说中的那样——轻松得要狂呼，要飞起来。”

“这叫作大将风度。这就说明，你在另一场看不见的考试中得分不低。”我说，顺便把自己大大夸了一通，“之所以如此，是因为你有一个心平气和的好妈妈。”

“肯定有人问考试情况，我该怎么回答？”儿子问。

“说实话，怎么估计的，就怎么回答。”

“万一估高了，以后人家笑话怎么办？”

“哈哈，谁有资格笑话谁啊？磊磊落落好处多，藏藏掖掖空累心。我们几乎是从来不笑话人家的。谁愿笑，就尽情地笑吧，就算我们给他们带来快乐——不也是一桩人间美事吗？”

6 月 9 日 / 星期四 雨

长 大 了

陪考两天“不在家”，孩子们表现不错。我很高兴。

以后我出去，可以告诉他们了——因为他们长大了，懂事了，可以拥有知情权了。

6 月 10 日 / 星期五 阴

打山歌

“读读背背”是单元练习里的固定栏目。按教学要求，只要知道大概意思，能背就行。相比之下，理解是软任务，背虽“硬”，却太容易完成——熟读成诵嘛。

“临危不惧！多谋善断！从容不迫！方寸不乱！——临危不惧！多谋善断！从容不迫！方寸不乱！”

学生们翻到那页，没待教师说“开始”，拉开大嘴就喊，声音里长出许多腿脚——满满的都是趾高气扬；然后闭着眼睛，合了书，“哇哇”地背，基本不爱听你解释。

从前的经验告诉他们：理解是“点到为止”的软任务，有人说出大概就行；背却是要人人过关的。日有所诵的他们，无论懂与不懂，背下几个成语，太轻松。

过分轻松的学习，会导致思维懒惰。

对于每一个具体学生而言，学习是不进则退的动态过程——知识结构上的“原地踏步”是不存在的。无师自通的氛围里，看似积极的现象后，隐藏着浮滑与自满的真相。对于这帮骄傲的小家伙而言，使他们心性沉静下来的唯一有效的方法就是：提高学习难度，制造学习坡度——而不是治标不治本地呵斥、点名，维持秩序。

仿佛掉进了青蛙塘里的教师，什么也不说，只管在黑板上写着：“临，面对。危，危险。惧，怕。谋，主意。”

孩子们面面相觑，安静下来，然后一个带一个，埋头记录。

“打点。把字的意思写在那个字的下面。”教师轻轻嘱咐。他们依计而行，忙得饶有兴致。

七个“难点字”的解释写完了。我说——其实是对部分抄得快的孩子说：“连起来，试着解释整个词。”

再一度“一个带一个”。这次，是连读带解——吃力然而新鲜的忙碌。阅读、理解能力强的孩子自豪地大声宣讲，一遍又一遍。其他孩子则侧着耳朵，边听边想，然后摸摸索索，跟着说，跟着连。

又一片热热闹闹，但这种热闹中，包含着沉静的思考与倾听。我也侧耳，边听边想——知道了该做的，是统一答案和规定流程。

背也好，解也好，等最弱的孩子都磕磕巴巴混过了三两遍——各自为战的兴致渐渐衰退了。

“注意，现在，听老师怎么说——老师连着说两遍，第一遍你们只管听，第二遍学着说。然后，我们就这样齐声读成语，齐声解释带点字，齐声解释整个的词。”

“临危不惧，临危不惧，临危不惧——临，面对；危，危险；惧，怕。‘临危不惧’的意思是面对危险，一点儿也不害怕。”

总共四个成语，漂亮而又整齐地，说好一个，再“教”下一个。有他们的自学成果做基础，如是顺流而下，很是便当。“临危不惧”重复了三次，之后的“多谋善断”“从容不迫”“方寸不乱”，一个比一个顺溜——到最后，竟然过耳成诵——仿佛念出声的文字，都在书上写着；仿佛这个集体节目我们事先排练过好几次——真个是按部就班，从容不迫，井然有序，“方寸不乱”！

最后是四个成语连起来，朗读、分解、“整解”。按照规定的套路，一气呵成。

再一度，响亮的声音里充满自豪与快乐——好像打山歌呢，他们边念边笑。

这是一年级，给出“标准答案”和“读解程式”是应当的。第一，这是进行“深度学习”必经的初级阶段；第二，

“打山歌”的形式使学习多少有了点娱乐成分；第三，这样做可以照顾“弱者”，提供一道安全快乐的学习之流，让他们跟着熏——跟着混。

“从容不迫，从容不迫，从容不迫——从容，冷静；迫，紧张。‘从容不迫’的意思是很冷静，一点也不紧张！”

呵呵，越听越像打山歌——放声领唱的、滥竽充数的，各得其乐、各得其所吧。

原本要的就是囫囵吞枣、不求甚解。

6月11日 / 星期六 晴

招生咨询与单元测试

上午，一家三口去国际会展中心——二百多所大学在这里举办招生咨询活动。

真个是人声鼎沸，万头攒动，汗气蒸腾，心血潮涌。在中国科技大学、上海交通大学、天津南开大学、合肥工业大学几个地方问了问，就回来了。

打开电视，正在直播安徽大剧院的填报志愿辅导报告会。

合肥一中副校长王勇说："去年一中600分以上400人，今年估分在600分以上的有100人左右。"

儿子说："在我们一中，高考进入前100名的，稳上一流大学。"

六中校长说："我们有一个功课很好的孩子，这次高考遭遇不幸，答题卡应当竖着填，她横着填了。"

儿子跳起来："我不会也是这样吧？"

另一个什么中学的头儿说："估分是否准确也很重要。"

儿子第N次絮叨："我就怕我估高了。"

可怜——快成祥林嫂了。明天科大东区还有一场咨询会，我们再去。

后天一中做填报志愿具体辅导，他们父子去。

昨晚，第八单元试卷批出前九题。第四道多音字组词看得我头晕眼花、痛苦万分——最后是儿子帮我改的。

下午接着干，刚刚完工。

这次试题面广、量重、难度大、灵活性高。下面的情况，在我预料之中。学期即将结束，孩子多少有点疲倦和松劲，这也是影响答题质量的一个因素——好几个孩子姓名都忘写了。

90—97分，22人。

95分以上三人：李卓然（97）、常睿琪（95）、唐雅馨（95）。

80—89分，19人。

70—79分，6人。

60—69分，4人。

不及格，4人。

21日开始期末考试。后天看见试卷的家长如果帮孩子一把，那是最好。至于"没看到"的，目前状态下的我，也无心无力顾及。

看起来简单易行的“签字通报法”——这一届，我是不想再用了。如果家长关心孩子学业，到时候自会过问；如果家长只管养不管教，即便电话通知他“看见”，顶多也就胖揍孩子一通、恶骂孩子一场——除了挣些气急败坏、三败俱伤，丝毫用处也没有。

因为学习最讲究的是循序渐进、日积月累，还有——心平气和。

6 月 12 日 / 星期日 晴

真的是第二次投胎

儿子估分为 617，在合肥一中排名 50 上下。

上午部分名校在科大校园做招生咨询。

全省很多地方估分在 600 以上的孩子来了。绿树浓荫，栀香醉人。在这样的环境里，所有的人都不由自主变得举止优雅，谈吐轻柔。

“儿子啊儿子，你要是能在这里读大学多好！”

“哎，你以为我不想吗？”

“又不是没有这个可能，就看敢不敢冲了。”父亲说。

“万一撞掉下来，怎么办？万一二志愿合工大都不能上，怎么办？太可怕了！”母子齐声说。

“你们以为我就不怕吗？”

沉默，一家人的表情归于严峻。

怕分数浪费太多，怕高分撞车，怕估分不准，怕阅卷人看走了眼发生误判，怕……

几乎所有人都怕。

南京大学的答复是620分进去是“踩底线”；南开大学答复610分“可以报”了；晚上，又因为同学的向往，瞄上上海财经大学——总之目标步步下调。

白老师说：“视野要开阔些，不要只盯着一两所学校。”

陶慧明说：“万一，你上了南开或者上财之后，回过头发现自己比科大高出好几分，那不难过坏了！”

冬梅说：“你们更多还是要考虑孩子自己的意愿。”

烦恼、煎熬、辗转反侧、一日数变……不想吃、不想睡、不想做任何事情。任何风吹雨打都能在心里引起轩然大波。

真的是第二次投胎。

6 月 13 日 / 星期一 晴

没有办法的事

上周五，印发“同义词、反义词总表”，要求家长在双休日带孩子复习。对于少部分孩子来说，所谓“复习”，其实就是强记，强化理解——否则，单纯靠慢慢捂，什么同义词、反义词啊，再过一学期也是一颗“生果子”。

这种灌注，对于那些土壤板结、“自然状态”下吸收能力弱的孩子来说，是必要的；对于拉近学生在“具体项目”上的差距，也有一定好处。

上午检查，只有一个人没有签字，我很满意。

那孩子的父母开饭店，生意太忙——除了“原谅”，我能怎样？

从来不给孩子补缺补差。

一则，语文不是这么学的。二则，家教严重滞后的孩子，其心智大多是一块光滑坚硬的鹅卵石，教师辅导，只是徒然洒落的水滴而已，不仅白累了自己，而且败坏了孩子懵懵懂懂的学习乐趣。倒不如任其在学校生活的洪流中愉快地浸着。水嘛，渗多少，能渗不能渗，实在不是教师可以做主的。

明天印发“多音字组词总表”。

信里跟家长说明：同义词也好，反义词也好，多音字组词也好，答案应当是多样的。教师给定答案，其一，是为了照顾能力较弱的孩子，毕竟记忆也能促进理解；其二，是考虑到部分家长确实没有能力给孩子提供正确答案——有能力的家长，应当鼓励孩子想出与教师不同的答案。

语文能力的基石是大量阅读。

带有硬背性质的这种复习，二年级之后，就不会再做了。

上午，父子俩去一中开家长会，带回一张北京航空大学的推荐表。每年科大都在一中招生 40 人左右，到今天上午，报科大的只有 20 人。

十分想“冲”科大。

这次接触的招生咨询人员中，印象最差的，是南京大学。

当我烦到“苦”不可支的时候，就想：自己当年是怎么过来的？懵懵懂懂被捞进了草房子的霍山师范，不也一样过来了吗？

何况孩子怎么都可以上不错的大学。

往下填吧——保险第一。

可如果耽误了家门口的好学校，懊悔的滋味太苦涩了！

6 月 14 日 / 星期二 晴

也许，这才是开始

下午请假，全家去一中——17：30 之前，高三学生交送志愿表。

进门，见一块牌，上面赫然写着血色大字——“合肥一中高考复读班报名处”，真让人心惊肉跳！

估分填志愿，投胎一样地把 12 年心血押在第一志愿，每年很多人“撞车”撞得惨不忍睹——这一年大家在名校扎堆撞车，第二年必定又在次一等的学校撞车——又一番人为制造的惨不忍睹。

和儿子估的分数相差不多的张弛，由同济而西安交大而南京东南大学——为求稳妥，一路调低志愿。一中很多估分比较高的孩子都填了东南大学——愿天保佑他们。

单独看儿子，总觉得儿子挺早熟；现在，儿子站在同学的中间，往往仰视伙伴的脸，我才发现——儿子其实多么稚嫩。

合肥报南开的也不少。

“怎么办？”我问。

“报吧。”

“有被撞的心理准备吗？不行，我们也东南？”

“你以为报东南就保证不撞了吗？与其撞在东南，宁可撞在南开。”

“那就填吧。”

“填！”

之后，儿子和同学去聚餐、“飙歌”。

归来，车入小区，看见一路太过熟悉的景象。

三年了——清晨，这里的朝阳和风雨泛滥了我满心满腹的自豪和牵挂；黄昏，这里的秋黄春绿，盈满了我倚门望归的切盼和不安。

上楼，每天傍晚，再怎么忙乱，我也能清晰听出儿子咚咚而来的脚步声；开门，每天早晨，我在这里千篇一律地叮嘱“安全”！

临窗，每出楼道，总从这里开始，与我联袂演绎只有我们母子知道并乐此不疲的“三回头”——儿子阳光灿烂的笑脸啊，照亮了我一日的疲惫和劳顿。

床上一片狼藉——有好几天没有收拾屋子了。高考之前，儿子每天躺在这里让我捏脊；高考之后，儿子还习惯地坐在床角，说：“妈妈，给我梳梳头——好享福！”

…………

一切的一切，阳光的阴郁的，快乐的悲伤的，自豪的痛悔的，都成为回忆了。

“感觉怎么样？”先生笑着问，“是轻松，还是又开始担心？”

“我受不了。我没有想到自己会这样……”

大恸如洪流，以猝不及防的猛烈，覆盖并淹没了我。

我知道——也许，这才是开始。

逼迫着自己想“留学幼童”詹天佑们；想白老师（金戈的班主任）孩子高二便去了新加坡，一年才回来一趟；想当年知青下放，天南海北接受再教育；想自己的父亲，也是二十岁不到的年纪，看准了天翻地覆的巨变要来，招呼一声都没有，离开家乡，投奔新社会……

要不我怎么办呢？

“适度放松”及“我不知道”

数学老师李老师气愤地告诉我：“上午，王涛的《基础训练》没有交，下课后我让他来办公室说明一下情况。我在前，他在后，跟着跟着，拐弯处一回头——人早不见了！放学再去教室找，一抬头，扒着三楼的走廊扶手，朝下面眉开眼笑呢。眼光跟我一对，立刻翻身下去，地老鼠似的一溜飞窜，又不见了！下午上学，不等上课铃响，我就往教室去。一进门，学生就嚷，王涛跳窗逃跑了！你看吓人不吓人？幸好这是一楼，如果是二楼、三楼，跳出个三长两短，算谁的责任？”

“到那时候，再通情达理的家长，也不会体谅教师的责任心的。以后，不要盯着他要作业就是。”

“我没有盯着他要作业啊，我就是问问情况，想知道他为什么不交作业。”

“那就再退一步，交就交，不交别问。”

“行吗？”

“行！”

喜欢《教学机智》，因为那本书里，“该怎么办”的困惑比鼓舞人心的“成功案例”多。而且范梅南还说明：成功往往有其偶然因素，如果当时情境、当事人心态稍有变化，事情的结果可能就走向反面。

喜欢《给教师的建议》，因为苏大师固然强调爱心和教育智慧的重要，但他最终也承认：经过一番努力，“思维沉睡”的孩子什么时候醒悟，最终是否醒悟——他也不知道。教师只有一边努力，一边等待。

能力弱、基础差且缺乏求知欲的孩子，既不能放手不管，又不能逼迫太紧，让他惧怕学习。

个人以为，最容易让孩子惧怕学习的方法，就是放学了天天单独留下他补课。这种暗无天日、强迫苦役的感觉，会使他对学习、对教师产生根深蒂固的抵触情绪。当一个孩子对功课及教师怀有深刻敌意的时候，一切的抓和补，一切的良苦用心，都只能激发孩子强烈而深刻的逃离欲望。在学生那里，因宝贵的闲暇被剥夺而产生的对立情绪，迟早会蔓延至课堂。

到那时，由师生情感而学习兴趣，一切的一切，土崩瓦解。当矛盾激化到一定程度，当孩子大到敢于反抗，没准儿，学生会以捣乱的形式发泄不满；没准儿，教师会因为一个可恶的学生而败坏了上课的兴味——到那时，受损失的就不止一个孩子了。

倒不如弹性对待、适度放松的好。无论如何，40 分钟是学科教学的主战场；无论如何，课外作业不做，也比上课不听要好。

水至清则无鱼——该放松时就放松吧。怎么可能 55 人一样齐？

个人坚信补课弊大于利的，是语文。数学是否如此呢？不知道。因为就知识结构而言，语文不具备数学所特有的连续性。所以，如果我教数学，也许就会持不同意见。

我没有李老师的苦恼，是因为我基本没有课外书面作业。偶然有的日子里，偶然个把不完成，我大可以忽略不计。如果我也天天布置课外作业，如果我的作业也天天有人不交，我是否还能心平气和呢？不知道。

每一个人都只能站在自己的角度发言。是大家都动脑、都发言，真诚地交流和碰撞，使我们拥有了相对开阔的教育视野，产生了、获得了相对确实的教育智慧。

还有，适度放松，对谁松？松几个？松多久再悄悄“带紧”？这些都是难题。

所以，到底该怎样对待不做作业的孩子，我不知道。

大约，也没有包医的妙方。

另：

晚上看《焦点访谈》之《红领巾——永不褪色的事业》。那个伟大而平凡的教师，把厌学的孩子接到家里住，还给他洗澡、陪他玩耍什么的，最后，孩子终于能在书桌前坐下了。

最可恨的是那样的父母！教师简直是前世欠他们的。

这种事迹既超越了职业道德的范围，也不在教育智慧的论域之内——我不感兴趣。

再说对我影响至深的苏大师吧，他为了学生和学校，终因积劳成疾而英年早逝。如果他真的能做到“适当放松”——多活些年月，必定对社会、对教育有更大的贡献。

教师既要爱学生，也该爱自己、爱家庭。时间和精力就那么多，过分倾注在这一头，必定会忽略那一头。

敬业的“度”要怎样把握才为“适”呢？不知道。

6 月 15 日 / 星期三 晴

星星之火

几个孩子上台朗读日记，最棒的是李德昊。

《美术课》和《姐姐教我叠花篮》，已是完整且精彩的短文，大家听得津津有味、笑声不断。李德昊呢，捧着书的手臂越抬越高，到最后——完全看不见脸了。

待其读完，在教室的后面，我清晰而缓慢地说："老师有一个临时决定，奖励李德昊同学一本大书看——《火鞋与风鞋》，为什么呢？"

"因为他日记写得好！"一片心悦诚服的回答。

第三节课，讲《小鼹鼠的土豆》。

"为什么呢？因为上一节课，七个同学的日记都写得好、读得很好。所以，我们先向他们表示钦佩和感谢！"

掌声如雷。附近的伙伴不停地朝"功勋同学"打躬作揖、握手竖大拇指——教室里满当当的都是羡慕和切盼。

"有一只孤独的小鼹鼠，常年在地下流浪……"

故事开始了，孩子们先是笑，然后渐渐安静下来，接着是紧张、崇敬、惊讶、微薄的伤感和朦胧的快慰。

“小鼹鼠重又两手空空。可是，他看见了灿烂的阳光和阳光下美丽的世界，这是他从来没有看见过的。他想：也许，下次我能找到属于自己的宝贝呢？”

寂静中，孩子们很久不能出离故事情境。

在这样的气氛中，把《红鞋子》和《小鼹鼠的土豆》分别奖给金佳岷、韩玉琤——因他俩的日记之好，仅次于胡、李。

很是高兴。

因为我看见，星星之火，可能在下个学期慢慢连成片。

6 月 16 日 / 星期四 晴

如舞轻飏

照样子写词语：金灿灿、绿油油、红通通、白花花。

“这样的题目我们做过好几次了。现在，老师给这一类词起个名字，叫 ABB 式。”

“ABB、ABB——ABB 式！”他们看着黑板上的字，连声读着，满是新鲜和快乐。

然后随我手指的方向，他们高兴且有节奏地念：

“ABB——金灿灿；ABB——绿油油；ABB——红通通；ABB——白花花！”

第二组：休息休息、雪白雪白、打听打听、练习练习。

“照样子写词语肯定难不倒我们。现在，”教师点着“ABB”问，“谁能照样子给这种式样的词语起名字？”

十来个人举手，喊起的一个说：“这叫 ABAB 式。”

“对——啦！”那几个代教师做出判断。

“ABAB——休息休息；ABAB——雪白雪白；ABAB——打听打听；ABAB——练习练习！”

这一次，也不要我用手来回地点，摇头晃脑，一通自豪地唱读。

第三组：高高兴兴、肥肥胖胖、开开心心、快快乐乐。

刚一写完——“AABB 式！”全班人一起喊起来。

“AABB——高高兴兴；AABB——肥肥胖胖；AABB——开开心心；AABB——快快乐乐！”

不约而同，声震屋宇。

耳朵受不了了，教师只有笑着挨吵的份儿了。我知道，在这种情形之下，要他们轻柔文雅——是不可能的。

不可遏制的长势啊。

思维成长的快乐，如舞轻飏。

在 2005-6-16 22:48:01，碌碌无为给您发送的消息！

消息标题：薛老师的方法好！

薛老师

您好！

我发现自从上次您对日记写得好的同学，奖励可以将您的书带回家看后，韩玉琤在这段时间里，写日记从不要提醒了。特别这两天，自从得到《红鞋子》后，写日记的劲头更足了。这办法真正好！

韩玉琤家长：韩震球

6 月 17 日 / 星期五 晴

热乎乎

其实孩子们日记写得好的很多。只是由于时间紧张和个人表现欲、表现力的强弱不等，能在读书课上听到的极其有限。

很想把每个人的好日记都打出来，一则作为成长证明，二则可以印发了大家互相交流、欣赏。

然而，我的眼睛已经坏到要瞎了，只能让有能力的家长做这件事了。我想请他们给孩子挑三篇好作品，贴在这里；印发和交流，下学期再说吧。相信，白纸黑字的互相阅读，一定能给他们带来足够的荣耀感和推动力。

贴出的只能是少数人的少数篇目，这是多么令人遗憾的事情——可是对比上学期，还是让人欣喜于孩子们的长进。

这是属于孩子及其父母的劳动果实。学如逆水行舟，不进则退啊。很多事情，做和不做，怎会一样？持之以恒和一曝十寒，怎会一样？

上午刚说过，下午一上班，就在跟帖里读到高陈的日记。备受鼓舞，欣喜万分！把《猜猜我有多爱你》奖给他带回去看。

一个任务布置下去了，家长做出热切及时的反应，这既是对教师的鼓励，更是其关爱孩子的有力证明。

晚上散步，遇见高陈的母亲。

“对孩子学习，我们自然是十分关心的。只是我们不知道怎么做。只要老师发话，你指到哪里，我们两口子保证打到哪里！所以，中午回家，小孩一说，我立刻就上机，睡都没有睡！”

“十分感动，十分感谢！我们师生要的，就是这份热乎乎的劲头。孩子就像庄稼，父母对于孩子需要的反应冷漠还是热切，就好像庄稼生长的地方是贫瘠的冻土还是温暖的沃野，其结果怎么可能一样呢？家长没有能力也就算了，教师想其他办法帮助；有能力却不做的，最终因其冷落、忽视而受损失的，必定是孩子而不是教师。因为在我们一（2）班，良性竞争不仅存在于孩子之间，也存在于家长之间——教师永不缺少热乎乎的家长。”

6月18日 / 星期六 晴

不成样子的结束语

为写评语，从头到尾回顾一个学期。

“17周”的紧迫感仿佛就在昨日，《苏武牧羊》带来的震撼依旧闻乐辄起，那株春风中婆娑起舞的小树啊，已然亭亭茁壮——就那样站着，晴里阴里代替我，看惯了小朋友或奔或卧地围拢嬉戏。很多次路过，我总不免担忧，担忧我的学生伤害了它，可是那样的事情，一次也没有发生。

小树长高了，炎阳里洒一掬薄嫩的阴凉；孩子长大了，或静或闹的时刻里，眉目举止间蓬勃着可敬畏的生命力。一个背影渐行渐远，不几天就将成为难忘的回忆。它的名字叫作“一年级”。

一天天紧张，一天天快乐；一天天疲惫，一天天充实——文字所载的，永远是我所感、所经历的冰山一角；每一段自言自语的背后，无不藏着小朋友可爱的音容。

还有我的家人。还有我的朋友。

这样的记录有意义吗？不知道。

这样的记录以后还会继续吗？不知道。

后天就是本学期最后一个上课的日子了。以上断想，算是一个不成样子的结束语吧。

当然，只要“感觉”来临，只要精力允许，我是不会吝惜文字的。

别了，我们的《第一度春夏》。

别了，沉甸甸的一年级。

别了，太多辛劳和收获的一整年。

2004 年 9 月至 2005 年 6 月——也许，这是我职业生涯的一个重要学年。

今后该往哪个方向去，不知道，不去想。

此时此刻，我的感觉：有一点点迷惘，有一点点倦。

关机，休息。

6 月 21 日 / 星期二 晴

共同的修炼

上午考语文，教师交换班级监考。

卷子一收上来就送教务处。后天，几所“兄弟学校”在科学岛做“回避式流水阅卷”。

“你们班孩子真好，大多数字都写得端正、板扎。”监考教师不无羡慕地说。

“这都是作业当堂完成的好处啊。”我说。

“虽然不动笔，但这是真正一一到位的面批。错了，回去改正；书写不规范了，不要擦，就在后面重写。这样做的好处很多：第一，作业的质量和速度得到了保证，由于家庭背景、学习能力和性格特点等方面差异而造成的两极分化趋势得到一定遏制；第二，迫使教师优化教学结构，讲求教学效率；第三，包里总是装着课外书，写完作业就读书——慢慢地，一天接一天，一个带一个，读书的风气一旦在课内、在教室生成，团队上进就有了强大而持久的内驱力；第四，学生回家有充足的时间读书、写日记，家长也乐意配合。”

在外面开讲座，说到我们55人的一年级，没有收过作业本，没有动笔改过作业，很多同行不相信。

个人以为：在一年级，书写毛糙意味着心浮气躁，这种求快不求好、心思直通玩的精神状态，极不利于静气和定力的培养。在起始年级，教师就是要通过从正确与否到工整与否的面批细改，将毛躁的野性按捺、收敛。说实话，对于教师自身而言，这也是一种磨炼和挑战。

一年过去了，别人以为不可能的事情，我们师生做到了。在艰难中起步，将急躁一点点消磨，向平和一寸寸接近——这是我们师生共同的修炼。

师生共同修炼的一个班级，时间长了，会形成一种场力。

场力还未形成，修炼永无止境。

让我把信赖交给孩子和家长，让我把坚韧给予我自己。

6月22日 / 星期三 雨

难得闲暇

闷热！上午学生考数学。现在17:15，刚刚下了一场短暂的大雨。

好久没有读诗了，这两天难得闲暇，结结实实背了一两篇《野草》，觉得好养人——否则，语言无味，面目可憎啊。

源于对神性和生命的敬畏，在这个世界上，我最不敢冒犯、糊弄的就是孩子——我对儿童的心智和鉴别能力抱有相当的敬畏。所以，总不敢懈怠了修炼内功。

过了一年级，大约以后，我会有越来越多的时间给自己充电，刷新自己的语言、文字、思想和情感了。那样，我的课堂及我的语言、我的人——就可以更具吸引力和熏陶力了。

感谢朱菁（张悦媛妈妈）和唐老师（叶少华母亲）。

为了把《笋芽儿——一（2）班学生及家长日记选编》做得既便宜又漂亮，这两天，她俩又是校对又是排版又是和印刷厂协商，还要帮孩子的同学敲日记！战高温，流大汗，忙得热火朝天。这很省了我的心力，尤其是眼力。

为表达谢意，很想背一通书给她们及孩子听，保管他们一齐笑歪了嘴。两位妈妈，两个孩子，今晚，当你们读到这里，试着想象，看能否听见——

“铁如意，指挥倜傥，一座皆惊呢。金叵罗，颠倒淋漓噫，千杯未醉嗬……”

再想象，背书的薛老师，微笑着，把头向后仰，摇着，拗过去，拗过去，害得你们直想冲上来扶住咱！

6 月 30 日 / 星期四 晴

方式不重要

孩子们的第一本书，明天就要付印了。

感谢张悦媛同学的母亲朱菁，感谢叶少华同学的母亲唐礼群老师。过去的一周里，为把《笋芽儿》做得既便宜又漂亮，她们在事务繁杂的间隙，下载、编辑、校对、排版、斟酌、协商——战高温，流大汗，忙得热火朝天、劲头十足。

这很省了教师的心力，尤其是眼力。

更重要的是，这让教师看见了来自家长的一股热乎乎的心劲。凭此而眺望未来，教师备受鼓舞——对于 55 个孩子的将来，教师充满信心。

我愿意相信：两位母亲这样做，不是为了别人，只是为了自己——为了自己的孩子。因为她们深知：大家好，才是真好！

我愿意相信：只要教师需要，不，只要我们班级需要，每一位父亲母亲都会同样全力以赴。因为我们都懂得：班级是一个精神整体，“大家好”和“每一个人好”，密不可分。

同样的道理，过去一年中，教师所劳所思，无一不是为了自己。因为我是农民，我希望自己的庄稼在春天就长得茁壮葱郁。

那次的家长会上，教师怎么说来着？

“懵懵懂懂中蹒跚起步，整整六年，孩子求学上进的道路多么漫长啊，请不要让他觉得孤独；纷乱嘈杂中开拔，教师引领55个孩子的历程多么艰辛啊，请不要让我们觉得自己是在孤军奋战。”

是的，我们从来都不是孤军奋战，这本小册子就是证明；是的，孩子从来都不是在昏暗的道路上独自前行——虽然他的日记可能没有被编进这本小册子。

《笋芽儿》里是否有您孩子的文字，这不重要，因为这只是表示关爱和铭记的一种方式。

重要的不是方式，重要的是作为他们生命中最亲的人，过去、现在和将来，是否愿意、是否用行动，关注、扶持、呵护、鼓励他们。

读到上学期的日记，父母和孩子也许会感到格外的惊讶和亲切。教师清楚地记得：在那些忙乱而寒冷的日子里，从一个个脏而卷曲的小本子里，从错误迭出的汉字和拼音绕成的“毛线团”里，理出孩子想要表达的一句话，是如何的辛苦和费神。然而那时，我是快乐的，因为我听见了春笋苏醒的声音；因为我知道，唤醒笋芽儿的春雷，正是我和家长这样的——饱含爱意的劳作。

什么叫爱？

爱就是回首往事，“将没有人能记得你的一切 / 像我记得的那么多那么好”。

这话出自教师喜欢的一首诗，外出讲学，教师总喜欢念给同行听。

在孩子成长的初期，在他们最需要关心的时候，如果对于他们艰辛而稚嫩的步履，你竟不留意，你竟不知道——你算什么父母和教师？

再说一遍：方式不重要，您孩子的文字是否被编在里面不重要。重要的是，您是否以您的努力，使孩子欣然立在这座生命的林子？

附：

新　娘

席慕蓉

爱我但是不要只因为

我今日是你的新娘

不要只因为这薰香的风

这五月欧洲的阳光

请爱我因为我将与你为侣
共度人世的沧桑

眷恋该如无边的海洋
一次又一次起伏的浪
在白发时重温那起帆的岛
将没有人能记得你的一切
像我记得的那么多那么好

爱我趁青春年少

附录

Appendix

索引

教师阅读

语文教学

班／级／书／单

中国作品

系列图书

“颜色国的秘密”系列：

黄毅民 等／文，黄毅民／图，连环画出版社

《舞会皇后》

《两个好朋友》

《一幅抽象画》

……

毛毛虫童书馆·第二辑：

冰畅 等／编写，贺友直 等／绘

《胖嫂回娘家》

《三十六个字》

《三借芭蕉扇》

……

“小企鹅心灵成长故事”系列：

王一梅、汤素兰 等／著

《红鞋子》

《小鼹鼠的土豆》

《小灰兔找朋友》

……

“小海豚心灵成长故事”系列：

彭小涛、冰波 等 / 编著

《两颗大樱桃》

《南瓜房子》

《小精灵的秋天》

……

“中国动画经典”系列：

上海美术电影制片厂出品

《哪吒闹海》

《九色鹿》

《金猴降妖》

《天书奇谭》

《猪八戒吃西瓜》

《小熊猫学木匠》

单本图书

《君伟上小学：1 年级鲜事多》

王淑芬 / 著

国外作品

系列图书

“不一样的卡梅拉”系列：

[法]克利斯提昂·约里波瓦/著，郑迪蔚/译

《我想去看海》

《我想有颗星星》

《我想有个弟弟》

……

李欧·李奥尼作品集：

[美]李欧·李奥尼/著

《小黑鱼》

《田鼠阿佛》

《一寸虫》

……

“我是霸王龙”系列：

[日]宫西达也/文·图，杨文/译

《你看起来好像很好吃》

《我是霸王龙》

《永远永远爱你》

……

“林明子经典绘本”系列：

[日]筒井赖子 等/著，[日]林明子/绘

《第一次上街买东西》

《阿惠和妹妹》

《要是陀螺转起来》

……

单本图书

《小象散步》

[日]中野弘隆/文·图，李奕/译

《两棵树》

[法]伊丽莎白·布莱美/文，[法]克里斯托夫·布雷恩/图，麦小燕/译

《小狐狸买手套》

[日]新美南吉/著，周龙梅、彭懿/译

《云朵面包》

[韩]白嬉娜/文·图，明书/译

《母鸡萝丝去散步》

[英]佩特·哈群斯/文·图

《遇见春天》

[日]原京子/文，[日]秦好史郎/图，蒲蒲兰/译

《小牛的春天》

[日]五味太郎/著，[日]猿渡静子/译